Q&A 交通事故
損害賠償法入門

弁護士 宮﨑 直己／著

大成出版社

はしがき

　交通事故と無縁の平穏な日々を送ってきた人々が、ある日、突然交通事故に遭って、自分が被害者となった場合、最優先の課題は、怪我を一日も早く治すことではないでしょうか。

　そして、怪我の治療がいったん終了しますと、今度は、損害賠償の交渉が加害者（現実には加害者が加入している任意保険会社の担当者）との間で始まります。示談交渉に当たり、被害者としては、加害者から正当な補償を受ける権利があります。しかし、普通の人々にとって交通事故の損害賠償金を正しく算定することは、必ずしも容易なことではありません。

　そこで、筆者は、交通事故の被害者の方々が直面する多くの疑問点について、Q＆A方式によって、なるべく分かりやすく解説することを意図して本書を作成しました。本書の執筆に当たって、筆者が心掛けた点は三つあります。

　第1に、平易でありながら正確かつ簡潔な解説に努めることです。第2に、最新の情報をなるべく多く取り入れることです。第3に、最新の判例の傾向を紹介することです。

　本書の出版に当たり、姉妹本である「交通事故損害賠償の実務と判例」（2011年）の際と同じく、大成出版社第2事業部副部長の御子柴直人氏には、大変お世話になりました。また、当事務所の下坂元理恵子さんおよび松本千博さんには、校正等の作業のお手伝いをしていただきました。

　これらの方々に対し、紙面を借りて厚くお礼を申し上げる次第です。

　平成25年1月

弁護士　宮﨑直己

目　次

第1部　総論

1　民法上の不法行為責任 …………………………3
Q1　加害者が負うべき法的責任 ………………………3
(1) 民事上の責任 ………………………………………3
(2) 刑事上の責任 ………………………………………3
(3) 行政上の責任 ………………………………………3
Q2　不法行為責任 …………………………………………4
(1) 一般不法行為責任 …………………………………4
(2) 自動車損害賠償保障法との関係 …………………6
Q3　損害とは何か …………………………………………7
(1) 人的損害 ……………………………………………7
(2) 物的損害 ……………………………………………8
(3) まとめ ………………………………………………8
Q4　共同不法行為 …………………………………………9
(1) 共同不法行為の成立 ………………………………9
(2) 全部賠償義務 ………………………………………10
(3) 共同不法行為の効果 ………………………………10
Q5　異時事故 ………………………………………………12
(1) 第1事故から第2事故までに発生した損害 ……12
(2) 第2事故から症状固定時までに発生した損害 …12
Q6　交通事故と医療事故の競合 ………………………15
(1) 共同不法行為の成立 ………………………………15
(2) 最高裁判例から導かれる結論 ……………………16
Q7　使用者責任 ……………………………………………17
(1) 法的責任の根拠 ……………………………………17

i

（2）使用者責任……………………………………………………17
　（3）運行供用者責任………………………………………………19
　（4）不真正連帯債務の関係………………………………………19
　（5）甲社から乙に対する求償権行使……………………………20

2　自動車損害賠償保障法の運行供用者責任……21
Q 8　運行供用者責任……………………………………………21
　（1）実質的な無過失責任……………………………………………21
　（2）運行供用者の認定基準…………………………………………22
　（3）免責3要件………………………………………………………23
Q 9　運行の意味…………………………………………………25
　（1）自賠法2条2項の「運行」の意味……………………………25
　（2）自賠法3条の「運行によって」の意味………………………26
Q 10　保有者・運転者の意味……………………………………27
　（1）保有者および運転者の意味……………………………………27
　（2）会社の従業員が起こした交通事故の責任……………………28
Q 11　運行供用者責任が問題となる場合………………………29
　（1）車が盗まれた場合………………………………………………29
　（2）マイカーの場合…………………………………………………30
　（3）車の貸借の場合…………………………………………………31
　（4）親の所有車を子が運転した場合………………………………32
　（5）レンタカーの場合………………………………………………32
　（6）車を修理に出した場合…………………………………………33
　（7）運転代行業者の場合……………………………………………33
Q 12　自賠法3条の「他人」の意味……………………………34
　（1）自賠法3条の「他人」の意味…………………………………34
　（2）共同運行供用者…………………………………………………34
　（3）共同運行供用者の他人性………………………………………35
Q 13　所有者同乗中の事故………………………………………36
　（1）原則………………………………………………………………36

(2) 例外 …………………………………………………………36
Q 14　自賠責保険の被保険者 …………………………………37
　　(1) 自賠責保険の被保険者 ………………………………………37
　　(2) 運転者も被保険者とされている理由 ………………………38
Q 15　政府の保障事業 ……………………………………………39
　　(1) 政府の保障事業 ………………………………………………39
　　(2) 保障金請求権の法的性格 ……………………………………40
　　(3) 保障金請求権の請求手続き …………………………………40
　　(4) 保障事業の内容 ………………………………………………40

3　加害者の刑事上および行政上の責任 ………41
Q 16　人身事故を起こした者の刑事責任 ……………………41
　　(1) はじめに ………………………………………………………41
　　(2) 自動車運転過失致死傷罪 ……………………………………41
　　(3) 危険運転致死傷罪 ……………………………………………43
Q 17　運転免許の取消し・停止処分 ……………………………49
　　(1) 運転免許の取消し・効力の停止処分 ………………………49
　　(2) 道交法103条 …………………………………………………49
　　(3) 点数制度 ………………………………………………………50
　　(4) 意見の聴取 ……………………………………………………50
　　(5) 異議申立て ……………………………………………………51
　　(6) 取消訴訟 ………………………………………………………51

4　公務員による交通事故の責任 ………………52
Q 18　公務中に発生した交通事故の損害賠償責任 …………52
　　(1) 乙が甲県警の警察官である場合 ……………………………52
　　(2) 乙が甲県職員である場合 ……………………………………55
Q 19　飲酒運転事故を起こした公務員の責任 ………………56
　　(1) 民事上の責任 …………………………………………………56

(2) 刑事上の責任……………………………………………57
　(3) 乙に対する行政上の責任………………………………57
Q20　公務員の懲戒処分……………………………………**58**
　(1) 懲戒処分…………………………………………………58
　(2) 失職………………………………………………………60
Q21　懲戒免職処分の取消訴訟……………………………**62**
　(1) 懲戒処分の量定…………………………………………62
　(2) 最高裁の基本的立場……………………………………63
　(3) 下級審判決の傾向………………………………………64
　(4) 本件事例について………………………………………67

第2部　損害賠償の内容と算定方法

1　積極損害……………………………………………71
Q22　治療費など……………………………………………**71**
　(1) 事故後に生ずる法律関係………………………………71
　(2) 治療費……………………………………………………72
　(3) 将来治療費………………………………………………75
　(4) 付添看護費………………………………………………76
　(5) 介護費……………………………………………………78
　(6) 入院雑費…………………………………………………80
　(7) 交通費……………………………………………………80
Q23　健康保険と労災保険…………………………………**82**
　(1) 健康保険…………………………………………………82
　(2) 労災保険…………………………………………………84
Q24　家屋改造費、備品購入費、弁護士費用など………**85**
　(1) 家屋改造費………………………………………………85
　(2) 備品購入費………………………………………………86

iv

(3) 子供の学習費 ··· 87
　　(4) 葬祭費 ·· 87
　　(5) 弁護士費用 ·· 87

2　休業損害 ·· 90

Q25　給与所得者の休業損害 ·· 90
　　(1) 休業損害とは ··· 90
　　(2) 休業損害の計算 ··· 90
　　(3) 給与所得者の休業損害 ··· 91
　　(4) 休業期間 ··· 92
　　(5) 会社役員の場合 ··· 93
　　(6) 企業損害 ··· 94
　　(7) 肩代わり損害 ··· 94
　　(8) 設例解説 ··· 95

Q26　事業所得者の休業損害 ·· 97
　　(1) 事業所得者の基礎収入 ··· 97
　　(2) 休業期間 ··· 99
　　(3) 家族労働力の利用 ·· 100
　　(4) 代替労働力の利用 ·· 100
　　(5) 固定経費 ··· 101
　　(6) 設例解説 ··· 101

Q27　家事従事者の休業損害 ·· 103
　　(1) 家事従事者 ·· 103
　　(2) 家事従事者の基礎収入 ··· 103
　　(3) 休業期間 ··· 104
　　(4) 設例解説 ··· 106

Q28　学生その他の者の休業損害 ···································· 107
　　(1) 学生 ·· 107
　　(2) 失業者その他の者 ·· 108
　　(3) 設例解説 ··· 109

3 逸失利益 ……………………………………………111

Q29 逸失利益の意味 ……………………………………111
(1) 逸失利益とは …………………………………………111
(2) 逸失利益の算定 ………………………………………111
(3) 後遺障害が残った場合と死亡した場合の異同 ……112
(4) 中間利息の控除 ………………………………………113

Q30 逸失利益算定の基礎収入 …………………………115
(1) 基礎収入総論 …………………………………………115
(2) 基礎収入各論 …………………………………………115
(3) 三庁共同提言 …………………………………………119
(4) 設例解説 ………………………………………………120

Q31 逸失利益算定の労働能力喪失期間 ………………123
(1) 18歳以上の被害者の労働能力喪失期間の始期と終期 …123
(2) 18歳未満の被害者の労働能力喪失期間の始期と終期 …124

Q32 逸失利益算定の労働能力喪失率 …………………125
(1) 労働能力喪失率の認定 ………………………………125
(2) 労働能力喪失率の本質 ………………………………126
(3) 労働能力喪失率が特に問題とされる職業 …………126
(4) 労働能力喪失率が問題となる障害 …………………128

Q33 CRPS（RSD） …………………………………………129
(1) CRPSとは ………………………………………………129
(2) CRPSの診断基準 ………………………………………130
(3) CRPSによる後遺障害等級認定 ………………………131
(4) 素因減額の主張の不当性 ……………………………133

Q34 脳外傷による高次脳機能障害 ……………………136
(1) 高次脳機能障害とは …………………………………136
(2) 高次脳機能障害の有無の判定 ………………………136
(3) 高次脳機能障害の等級判断 …………………………138
(4) 自賠責保険 ……………………………………………139

Q35 変形障害・短縮障害 ………………………………144

- (1) 変形障害・短縮障害の等級 ……………………………144
- (2) 変形障害・短縮障害と労働能力喪失率の認定 ………145
- (3) 変形障害の判例 …………………………………………145
- (4) 下肢短縮障害の判例 ……………………………………147

Q36 死亡による逸失利益 …………………………………149
- (1) 死亡による逸失利益 ……………………………………149
- (2) 年金の逸失利益性 ………………………………………150
- (3) 設例解説 …………………………………………………151

4 慰謝料 ……………………………………………152

Q37 慰謝料の意味と種類 ……………………………………152
- (1) 慰謝料とは ………………………………………………152
- (2) 各種の基準 ………………………………………………152
- (3) 基準の見方 ………………………………………………153
- (4) 後遺障害慰謝料 …………………………………………154
- (5) 死亡慰謝料 ………………………………………………154

Q38 慰謝料に関する諸問題 …………………………………155
- (1) 死亡事故の場合 …………………………………………155
- (2) 重い後遺障害が残った事故の場合 ……………………156
- (3) 慰謝料の増額事由 ………………………………………157

5 損害賠償請求権の消滅および減額 ………159

Q39 過失相殺 …………………………………………………159
- (1) 過失相殺とは ……………………………………………159
- (2) 過失相殺の基礎知識 ……………………………………160
- (3) 過失相殺の基準化 ………………………………………161
- (4) 被害者側の過失 …………………………………………162

Q40 素因減額 …………………………………………………163
- (1) 素因減額 …………………………………………………163

(2)　その他の最高裁判例 ……………………………164
　　(3)　問題点の整理 ……………………………………164
　　(4)　精神的素因 ………………………………………165
Q41　消滅時効 …………………………………………………167
　　(1)　消滅時効 …………………………………………167
　　(2)　後遺障害が残存した場合 ………………………168
Q42　損益相殺 …………………………………………………169
　　(1)　損益相殺 …………………………………………169
　　(2)　損益相殺の対象となるもの ……………………170
　　(3)　損益相殺の対象とならないもの ………………171
　　(4)　過失相殺と損益相殺の先後関係 ………………172

第3部　自賠責保険と任意保険

1　自賠責保険 ……………………………………………175
Q43　自賠責保険の基本的仕組み ……………………………175
　　(1)　自賠責保険契約の締結 …………………………175
　　(2)　保険金の請求 ……………………………………177
　　(3)　損害賠償額の請求 ………………………………178
　　(4)　免責 ………………………………………………180
　　(5)　時効 ………………………………………………180
Q44　自賠法施行令と支払基準 ………………………………182
　　(1)　自賠法13条 ………………………………………182
　　(2)　自賠法施行令 ……………………………………182
　　(3)　支払基準 …………………………………………184
　　(4)　支払基準と法的拘束力 …………………………186
Q45　後遺障害等級の認定手続 ………………………………187
　　(1)　被害者請求による場合 …………………………187

(2)　事前認定による場合 …………………………………188
　(3)　加害者請求による場合 …………………………………189

2　任意保険 …………………………………………190
Q46　任意保険の概要 …………………………………190
　(1)　自賠責保険との違い ……………………………………190
　(2)　任意保険の種類 …………………………………………190
Q47　人身傷害補償保険 …………………………………192
　(1)　人身傷害補償保険 ………………………………………192
　(2)　保険金額 …………………………………………………193
Q48　人身傷害補償保険と損害賠償請求権の関係 ……………194
　(1)　人身傷害補償保険と損害賠償請求権の相互関係 ………194
　(2)　最高裁の立場 ……………………………………………194
　(3)　実例その1 ………………………………………………196
　(4)　実例その2 ………………………………………………197

第4部　交通事故紛争の解決手段

1　訴訟以外の方法による紛争解決 …………203
Q49　相談機関の種類 …………………………………203
　(1)　法律相談の重要性 ………………………………………203
　(2)　日弁連交通事故相談センター …………………………203
　(3)　交通事故紛争処理センター ……………………………204
　(4)　自治体が主催する交通事故相談所 ……………………204
　(5)　個別の法律事務所の交通事故相談 ……………………204
　(6)　まとめ ……………………………………………………204
Q50　法律相談を申し込む際の留意点 …………………205
　(1)　相談をする際の基本的留意点 …………………………205

- (2) 持参すべき資料 …………………………………………205
- (3) 相談をする際の留意点 …………………………………206
- (4) 相談料金 …………………………………………………206
- (5) 行政書士に対する相談 …………………………………206

Q51 弁護士資格を有しない者への事件委任 …………209
- (1) 弁護士法72条について …………………………………209
- (2) 最高裁判例 ………………………………………………210

Q52 交通事故相談センターでの示談あっ旋 …………211
- (1) 日弁連交通事故相談センターでの示談あっ旋 ………211
- (2) 示談あっ旋の手続き ……………………………………211

2 訴訟による解決 ……………………………213

Q53 訴訟と訴訟以外の方法による紛争解決の比較 …213
- (1) 交通事故損害賠償問題の多様性 ………………………213
- (2) 訴訟で解決した方がよい場合 …………………………213
- (3) 訴訟以外の方法で解決した方がよい場合 ……………215

Q54 弁護士費用 …………………………………………216
- (1) 弁護士費用 ………………………………………………216
- (2) 着手金 ……………………………………………………216
- (3) 報酬金 ……………………………………………………218
- (4) 実費 ………………………………………………………220

Q55 弁護士の選び方・頼み方 ………………………222
- (1) はじめに …………………………………………………222
- (2) 具体的ポイント …………………………………………222
- (3) 弁護士が敬遠する依頼者のパターン …………………224

Q56 民事裁判のあらまし ……………………………225
- (1) はじめに …………………………………………………225
- (2) 訴状の起案 ………………………………………………225
- (3) 民事裁判のあらまし ……………………………………226

資料

資料1　自動車損害賠償責任保険の保険金等及び自動車損害賠償責任
　　　　共済の共済金等の支払基準 ………………………………………229
資料2　自動車損害賠償保障法施行令　別表第1・第2 ………………241
資料3－1　新ホフマン係数およびライプニッツ係数表（年金現価表）………248
資料3－2　新ホフマン係数およびライプニッツ係数表（現価表）…………249
資料4－1　平成23年簡易生命表（男）……………………………………250
資料4－2　平成23年簡易生命表（女）……………………………………251
事項索引 ……………………………………………………………………253

第 1 部

総　　論

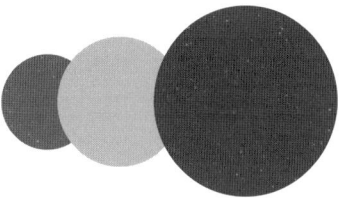

1 民法上の不法行為責任

Q1 加害者が負うべき法的責任

設問 交通事故の加害者が負うべき法的責任には、どのようなものがありますか？その概要を教えてください。

A 交通事故の加害者が負うべき法的責任の内容としては、大きく、①民事上の責任（Q2以降参照）、②刑事上の責任（Q16以降参照）および③行政上の責任（Q17以降参照）、の三つのものがあります。

　　解　説

(1) **民事上の責任**
　第1に、加害者は、民事上の責任を負わなければなりません。**民事上の責任**とは、交通事故を起こした者が、事故の被害者に対し損害賠償金を支払うべき責任をいいます（これは**不法行為責任**と呼ばれます。民709条）。

(2) **刑事上の責任**
　第2に、**刑事上の責任**とは、交通事故を起こした結果、刑法、道路交通法（以下「道交法」といいます。）等の定める刑罰法規に違反した場合に追及される責任をいいます。

(3) **行政上の責任**
　第3に、**行政上の責任**とは、交通事故を起こした者が、道交法の規定に従って運転免許の取消しまたは停止処分を受ける場合をいいます（道交103条1項・2項）。

Q2　不法行為責任

設問　交通事故の被害者が、加害者に対し民事上の責任を追及しようとする場合、法律上の根拠はどのように考えればいいですか？

A　交通事故の被害のうち、人身損害（人的損害）については自動車損害賠償保障法3条の運行供用者責任を根拠とします。一方、物的損害については民法709条を根拠とするのが通常です。

解　説

(1)　一般不法行為責任
　(a)　不法行為の成立要件

　交通事故の被害者が、加害者に対しその責任（損害賠償責任）を追及しようとする場合、基本となる規定は民法709条の**不法行為責任**です。

加害者─────────▶被害者
不法行為責任の発生

民法709条　「故意又は過失によって他人の権利又は法律上保護される利益を侵害した者は、これによって生じた損害を賠償する責任を負う。」

　その場合、被害者は、次の4点（**不法行為の成立要件**）について主張・立証する必要があります。被害者が、これらの4点をすべて立証できないときは、原則として、加害者の損害賠償責任は認められません。
　①　被害者の権利または法律上保護される利益に対する加害者の加害行為があったこと。
　②　加害行為について、加害者に故意または過失があったこと。

③　被害者に損害が発生したこと。
④　上記の①と③との間に因果関係があること。
(b)　**具体例への当てはめ**
　例えば、甲が、わき見運転をしていたところ、たまたま横断歩道を歩行していた通行人乙をはね、その結果、乙が傷害を負い、治療費、休業損害、慰謝料などの損害が同人に発生した場合はどう考えるべきでしょうか。
(ⅰ)　**加害行為があったこと**
　乙は、甲のわき見運転によって交通事故に遭って、自分の身体という人格権ないし法的保護に値する利益に対する侵害行為を受けていますから、①の加害行為の要件は満たしています。
(ⅱ)　**故意または過失があったこと**
　甲は、横断歩道上を歩いている乙を、わき見運転の結果はねていますから、車を運転するに当たって、不注意つまり**過失**（注意義務違反）があったことは明らかといえます。よって、②の要件も満たします。**(注1)**
(ⅲ)　**損害の発生**
　乙は、全治2週間の怪我を負って、同人に治療費等が発生していますから、損害が発生したことは明らかであり、③の要件も満たします。
(ⅳ)　**相当因果関係の存在**
　①の甲の加害行為と、③の乙の損害発生との間には、**相当因果関係**が認められますから、④の要件も満たすと解されます。**(注2)**
　(注1)　**過失**とは、加害結果の発生を予見し、かつ、回避することができたにもかかわらず、結果の発生を回避する措置をとらなかったことをいう。つまり、結果回避義務を怠ったことを指す。結果を回避する義務を怠ったといえるか否かは、事故を起こした本人を基準とするのではなく、合理的な平均人を基準とするのが通説である。したがって、本人には回避不可能であっても、平均人にとっては回避可能であった場合には、同人の過失が肯定される。なお、ここでいう平均人とは、当該行為者が属する集団の平均人を指すから、例えば、加害者が自動車レーサーの資格を有する者である場合は、自動車レーサー資格を有する者が平均人とされる（普通の運転免許を持つ者を平均人とするわけで

Q2　不法行為責任

はない。）。

　（注2）　**因果関係**の有無は、原因（事故）と結果（損害発生）との間の条件関係（あれなければこれなし）を必要条件として、これに相当性を加味して判断する（その事故から通常生じ得る損害であるか否かを吟味する。）。このような考え方を**相当因果関係説（論）**という。

(2)　**自動車損害賠償保障法との関係**

　上記のとおり、被害者が、加害者に対し損害賠償責任を追及する場合、民法709条を根拠として損害賠償請求をすることができます。

　ただし、人身事故（交通事故によって被害者が死亡し、または負傷するに至った事故をいいます。）に限っていえば、**自動車損害賠償保障法**（以下「自賠法」といいます。）を適用して損害賠償請求権を行使することが可能です。**（注）**

　自賠法3条は、**運行供用者責任**を定め、**運行供用者**が人身事故を起こしたときは、原則として、その者について損害賠償責任の成立を認めます。

　ただし、加害者である運行供用者の側で免責要件を証明した場合は、例外的に責任が免除されることになります（Q8参照）。

　（注）　民法709条の不法行為責任と自賠法3条の運行供用者責任とは、いわゆる**請求権競合**の関係に立つと解されるから、被害者が、加害者に対し損害賠償請求をする場合、いずれの条文を適用することも可能である。

Q3 損害とは何か

設問 損害賠償請求権の対象となる「損害」とは、具体的にどのようなものを指しますか？

A 損害は、大きく人的損害と物的損害に分けることができます。また、人的損害は、財産的損害と非財産的損害に分けられます。これらのうち、財産的損害については、積極損害と消極損害に分けることができます。

解 説

(1) 人的損害

人的損害とは、人について発生した損害という意味です。この人的損害は、財産的損害と非財産的損害に分けることができます。

(a) 財産的損害

財産的損害とは、経済的損害という意味です。これには、積極損害と消極損害があります。

第1に、**積極損害**とは、例えば、治療費、通院交通費、入院雑費のように事故によって、被害者が新たに支出することを余儀なくされた損害をいいます（Q22以下参照）。

例えば、事故によって生じた怪我を治療するために医療機関に通院し、その窓口で医療費計3万円を支払った場合、その3万円は事故によって新たに支出することになった費用ですから、積極損害ということになります。

第2に、**消極損害**とは、例えば、休業損害、逸失利益などのように、事故に遭っていなければ得ることができたであろう利益を喪失したことによる損害を指します（Q25・29以下参照）。

例えば、仮に事故に遭っていなければ会社で働くことができたはずであり、その場合は会社から給与が支給されたはずであるのに、現実には事故で会社

Q3 損害とは何か

を休んだため給与が10万円カットされた場合、その10万円が休業損害に当たります。

(b) 非財産的損害

非財産的損害とは精神的損害を指します。これは**慰謝料**ともいいますが、慰謝料とは、被害者が事故によって精神的あるいは肉体的に苦痛を受けたことによる損害をいいます（Q37参照）。

例えば、事故によって負傷し、搬送先の病院で怪我の痛みに耐えて入院生活を長期間送ったような場合、肉体的にも精神的にも相当の苦痛が発生します。慰謝料とは、事故被害者が経験した心身の苦痛に対する損害賠償という性格を帯びます。

(2) **物的損害**

物的損害とは、事故によって車が破損した際の修理費、乗っていた自転車が全損になったため買換えに要した費用などをいいます。

(3) **まとめ**

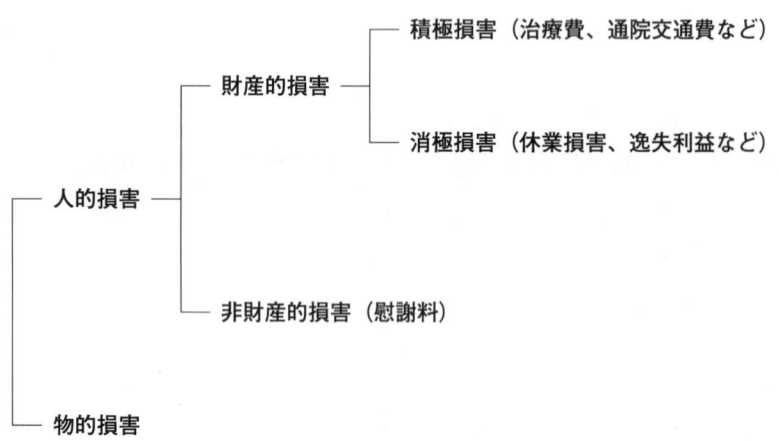

第1部　総論　1　民法上の不法行為責任

Q 4　共同不法行為

設問　先日、私が歩道を散歩していたところ、車道を走行していた甲車と乙車がたまたま衝突して、一緒になって歩道に乗り上げてきました。そのため、私は双方の車に衝突され、その場に転倒して負傷しました。私は、誰に対し損害賠償責任を追及することができますか？

A　甲車の運転者である甲および乙車の運転者である乙に対し、全部の損害について賠償請求することができます。なぜなら、甲の行為と乙の行為は、共同不法行為に該当すると解されるためです。

解　説

(1)　共同不法行為の成立

　本問の場合、甲および乙は、いずれも自分の車を走行させるに当たり、車道を走行する義務を負いますが（逆にいえば、歩道に車を乗り上げることは原則的に許されませんが）、双方ともこれに違反して歩道に車を乗り上げ、歩行者（ここでは丙とします。）に損害を発生させています。したがって、甲乙各自に、民法709条の不法行為が成立することになります（Q 2 参照）。

　このように、複数の者にそれぞれ民法709条の不法行為が成立する場合において（最判昭43・4・23民集22・964）、各人（ここでは、甲および乙を指します。）の行為が、客観的に関連共同して歩行者丙に損害を与えたと認められるとき、甲および乙に、民法719条1項の**共同不法行為**が成立すると解されます（このような考え方を**客観的関連共同説**といいます。）。**(注)**

> 民法719条第1項　「数人が共同の不法行為によって他人に損害を加えたときは、各自が連帯してその損害を賠償する責任を負う。共同行為者のうちいずれの者がその損害を加えたかを知ることができないときも、同様とする。」

9

Q4　共同不法行為

(注)　客観的関連共同説は、主観的関連共同説とは異なって、甲および乙の行為が客観的に関連していれば足り、例えば、共謀などの主観的要素は、共同不法行為成立のためには必要でないとする。

(2)　**全部賠償義務**

　甲および乙の行為が共同不法行為とされた場合、例えば、甲車は歩行者丙の腕に衝突し、乙車は同じく丙の足に衝突した場合であっても、甲乙双方とも、歩行者丙の腕および足の傷害（および相当因果関係を有するすべての損害）について、全部の責任を負うことになります（民719条1項）。

【判例】

①　交差点におけるタクシーAとトラックBの衝突事故によって、タクシーの乗客Cが負傷した場合、AおよびBに共同不法行為が成立する（東京地判平19・7・27交民40・4・1000）。

②　車道を走行中のA車と車庫に入ろうとしていたB車が衝突し、そのはずみでA車がCの店舗に衝突して店舗が損壊した場合、AおよびBの共同不法行為が成立する（名古屋地判平20・4・18交民41・2・516）。

(3)　**共同不法行為の効果**

(a)　**不真正連帯債務**

　上記のとおり、甲および乙が共同不法行為責任を負う場合、各自は、被害者である歩行者丙の被った損害の全部について賠償責任を負います（民719条1項）。

　例えば、被害者である歩行者丙が100万円の損害を受けたときは、甲および乙は、いずれも100万円を丙に対して賠償する義務を負うという意味です（ただし、歩行者丙が、例えば甲から100万円全額の賠償金の支払を受けたときは、別途乙に対し賠償金を請求することはできません。）。

　このような責任を**不真正連帯債務**といいます。不真正連帯債務とは、共同不法行為者の全員が賠償金の全額支払義務を負うが、そのうちの誰かが損害賠償金を支払えば、支払った限度で他の者も支払義務を免れる、という関係をいいます。

(b)　**共同不法行為者間の法律関係**

(i) **一部の支払いがあった場合**

本問において、例えば、歩行者丙の受けた損害が全部で100万円であったが、うち30万円を甲が丙に対して支払った場合、乙の賠償義務は減額されるのか、という問題があります。甲乙の債務は不真正連帯債務ですから、現実の弁済（賠償金の支払）は、他の連帯債務者にも影響を及ぼします。つまり、100万円から30万円を差し引いた残額70万円についてのみ、乙も支払義務を負うことになります。

(ii) **一部の支払免除があった場合**

上記の場合、甲だけが歩行者丙から30万円の支払免除を受けた場合、果たして乙の債務も70万円に減額されるのか、という問題があります。

このような場合について、最高裁は、「債務は別々に存在するから、その一人の債務について和解等がされても、現実の弁済がないかぎり、他の債務については影響がないと解する」としました（最判昭45・4・21判時595・54）。つまり、乙の債務は減額されないということになります。

(iii) **全部の支払いがあった場合**

例えば、甲が歩行者丙に100万円全額を支払った場合は、現実の弁済がされたことになるわけですから、その効果は乙にも及び、乙も債務をすべて免れることになります。

(c) **共同不法行為者間の求償**

上記(iii)の場合に、甲は、乙に対し求償することができるか、という問題があります。これについては、公平上の見地から**求償権**を認める立場が通説・判例となっています。その場合、いくらを求償することができるのか、という問題が生じます。この点については、双方の過失割合に応じて求償を認めるという考え方が一般的です。

例えば、甲と乙の過失割合が7対3の場合、100万円のうち3割は乙の負担ということになり、甲は乙に対し30万円を求償できると解されます。

Q5　異時事故

設問　私は、車を運転して交差点で一時停止していたところ、甲の運転する車に追突され鞭打ち症に罹って治療を受けていました（第1事故）。ところが、第1事故から3か月後、治療先の病院に向かう途中で、今度は乙の運転する車に再び追突され、せっかく治りかけていた鞭打ち症が悪化してしまいました（第2事故）。しかし、病院で治療を継続した結果、第1事故から5か月後に、鞭打ち症は症状固定（完治）するに至りました。私は、誰に対し、どのような損害賠償を請求することができますか？

A　第1事故と第2事故とは、別の日に発生していますから、事故の数は1個ではなく2個となります（異時事故）。そして、第1事故発生時から第2事故発生時までの損害については、甲の単独責任となります。他方、第2事故から症状固定日（完治）までの損害については、考え方が分かれます。

　解　説

(1)　**第1事故から第2事故までに発生した損害**
　第1事故から第2事故までに発生した損害については、すべて第1事故を起こした甲の単独責任となります（Q2参照）。

(2)　**第2事故から症状固定時までに発生した損害**
　(a)　**異時事故とは**
　第1事故が発生してから3か月後に第2事故が発生しています。これら二つの事故は、時間的・場所的な同一性がありませんから、いわゆる**異時事故**となります。
　ここで、第2事故（異時事故）が発生した時から症状が固定する時までの間に生じた損害について、誰がどのような損害賠償責任を負うのか、という問題があります。これには、二つの考え方があります。

(b) 二つの立場
(i) 不法行為の競合にすぎないとみる立場

この見解は、日時・場所を異にして発生した複数の事故は、社会的にみて1個の行為ということはできないと考えます。そして、社会的にみて1個の行為と認められないような事故については、関連共同性を認めることはできず、したがって、民法719条1項の共同不法行為の適用を肯定することはできないとします。そのため、このような場合は、単なる不法行為（民709条）の競合にすぎないと考えます（Q2参照）。

そして、第2事故が発生してから症状固定日までに生じた損害については、第1事故の加害者である甲と、第2事故の加害者である乙が、各人の寄与割合（寄与度）に従って、それぞれ損害賠償義務を負うことになると解します。

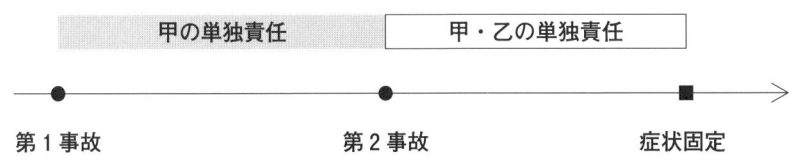

(ii) 共同不法行為の成立を認める立場

第2事故が発生してから症状固定時までに生じた損害についても、甲および乙の共同不法行為の成立を認める立場があります（Q4参照）。この考え方は、第2事故発生時以降、症状固定日までに生じた損害について、甲および乙の寄与割合を被害者側が証明することは容易ではないことを主な根拠とします。

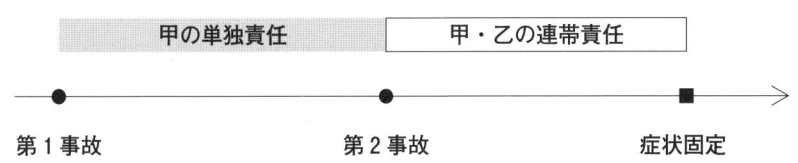

Q5　異時事故

そして、第2事故が発生してから症状固定日までに生じた損害については、甲と乙が、連帯して損害を賠償する義務（全部賠償義務）を負うと解します（Q4参照）。

(c)　まとめ

このように、異時事故の場合は、二つの考え方に分かれますが、判例の多数は、前記(i)の立場を支持しています。第1事故および第2事故が、時間的にも場所的にも近接していない場合は、社会的にみてこれらの事故には関連共同性がないとして共同不法行為の成立を認めない傾向が強いといえます。

【判例】

①　第1事故と第2事故の間隔が9か月もあり、また、場所的にも全く関係がない場合には、両事故は社会的にみて一個の加害行為とはいえず、関連共同性が否定されるから、第2事故の加害者は、第2事故後に生じた症状についてその寄与割合に従って単独の責任を負うとした事例（東京地判平12・3・29交民33・2・619）。

②　第1事故と第2事故の間隔が4か月弱ある事故について、民法719条1項後段の共同不法行為が成立するためには、各人の複数の加害行為が社会的にみて一個の加害行為と認められる場合をいうとした上で、本件はそれには該当しないとした事例（東京地判平17・3・24交民38・2・400）。

③　第1事故と第2事故の間隔が約2か月ある事故について、第1事故による受傷が症状固定する前に、第2事故によって同一部位を受傷したことから、被害者の後遺障害は第1事故と第2事故の双方に基づくものと解し、第2事故以降の損害については、民法719条1項後段の不法行為が成立するとした事例（東京地判平21・2・5交民42・1・110）。

第1部　総論　1　民法上の不法行為責任

Q6　交通事故と医療事故の競合

設問　甲が起こした交通事故によって、頭部を強打した被害者丙は病院に救急搬送されましたが、治療に当たった医師乙は、丙の怪我は単なる頭部打撲にすぎないと誤診をしました。その結果、被害者丙は、翌日、急性硬膜外血腫で死亡するに至りました。事故加害者甲と誤診をした医師乙は、どのような不法行為責任を負いますか？

A　交通事故を起こした加害者甲の責任と医療事故を起こした医師乙の責任は、共同不法行為になると解されます。

解　説

(1)　共同不法行為の成立
　(a)　最高裁判例
　本問のように、交通事故が発生して、その直後、当該事故による被害者の治療を担当した医師による医療事故が生じて、結果的に被害者の損害が拡大するような場合がしばしばあります。
　その場合に、交通事故を起こした者と医療事故を起こした者との間に共同不法行為責任を認めることができるか、という問題があります。これについて、最高裁は、共同不法行為責任を肯定しています（最判平13・3・13民集55・2・328）。
　最高裁が判断を示した事件とは、交通事故（自動車事故）によって頭部を負傷した6歳の子供が、事故後に搬送された病院で適切な治療を受けることができなかったため、事故から僅か9時間後に、急性硬膜外血腫によって死亡したという事件でした。
　(b)　共同不法行為の成立を認める理由
　最高裁は、次のような理由を示して共同不法行為の成立を認めました。

15

Q6　交通事故と医療事故の競合

① 交通事故の直後に被害者に対し適切な治療が施されていれば、高度の蓋然性をもって被害者を救命することができた。
② 上記①の理由から、本件交通事故と本件医療事故は、いずれも被害者の死亡という1個の結果を招来したものであって、その結果について相当因果関係が認められる。
③ 上記②の理由から、自動車事故を起こした運転行為と、医療事故を起こした医療行為は、民法719条の共同不法行為に該当するから、各不法行為者は、被害者が被った損害の全部を連帯して賠償する責任を負う。
④ 被害者との関係において、各不法行為者の結果発生に対する寄与の割合をもって被害者の損害を案分し、各不法行為者において責任を負うべき損害額を限定することはできない。

(2) 最高裁判例から導かれる結論

最高裁は、上記のような判断を示しました。したがって、この立場からは次のような結論が導かれます。

(a) 運転者甲と医師乙の共同不法行為責任

共同不法行為者とされた自動車の運転者甲と医療事故を起こした医師乙は、被害者丙が受けた全部の損害を連帯して賠償する責任を負います（Q4参照）。したがって、例えば、自動車の運転者甲の側から、「自動車事故を起こした自分に責任の一端があることは認めるが、医師乙が適切な治療をしていさえすれば被害者が死亡するという最悪の結果は起こらなかった。したがって、自分の損害賠償額は減額されるべきである」というような主張をしても、それが認められる余地はないことになります。

(b) 例外

ただし、交通事故発生時から相当の時間を経過して医療過誤が発生したような場合は、経過した時間が長ければ長いほど時間的近接性が弱くなっていきますから、客観的関連共同の要件を欠くに至る場合もあり得ます。その場合は、共同不法行為の成立は難しくなると解されます（Q5参照）。

第1部　総論　1　民法上の不法行為責任

Q7　使用者責任

設問　甲社に勤務する従業員乙が、自分の車（自家用車）に乗って会社の営業活動に出かけましたが、前方をよくみていなかったため、途中で丙の運転する車と衝突事故を起こし、丙に対し傷害を負わせました。その場合、甲社は、丙の受けた損害を賠償する責任を負いますか？

A　この場合、甲社において、従業員である乙がその所有車を使って営業活動を行うことを承認（黙認の場合を含みます。）していたかどうか、という点が問題となります。仮に、承認していた場合は、甲社はその責任を免れることはできないと考えられます。他方、承認していなかった場合は、その責任を問われない可能性が高いと解されます。

解　説

(1)　**法的責任の根拠**

本問の場合、甲社に責任を認める根拠は二つあります。

第1は、これから述べる民法715条の使用者責任であり、第2は、自賠法3条の運行供用者責任です（Q8参照）。

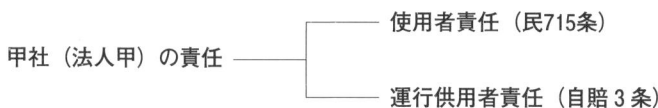

(2)　**使用者責任**

(a)　**使用者責任とは**

使用者責任とは、他人に使用されている者（被用者）が、事業の執行について第三者に違法に損害を与えた場合に、その者を使用する者（使用者）に

17

Q7　使用者責任

発生する責任をいいます。

> 民法715条第1項　「ある事業のために他人を使用する者は、被用者がその事業の執行について第三者に加えた損害を賠償する責任を負う。ただし、使用者が被用者の選任及びその事業の監督について相当の注意をしたとき、又は相当の注意をしても損害が生ずべきであったときは、この限りでない。」
> 第2項　「使用者に代わって事業を監督する者も、前項の責任を負う。」
> 第3項　「前2項の規定は、使用者又は監督者から被用者に対する求償権の行使を妨げない。」

(b)　使用者責任の成立要件

甲社に使用者責任が発生するためには、以下に述べる四つの要件を満たす必要があります。

①　甲社と従業員乙との間に、事業のための使用関係が存在すること。

ここでいう**事業**とは、営利を目的としたものである必要はありません（単なる仕事という程度の意味です。）。また、必ずしも継続的なものである必要はなく、一回限りのものでも構いません。

次に、使用関係は、一方が他方に命令して仕事をさせるという関係があれば足ります。

②　被用者である乙が、第三者（丙）に対し違法に損害を与えたこと。乙の行為が、民法709条の不法行為責任発生の要件をすべて満たしていることを要します。本問では、この点も肯定できます。

③　乙が、甲社の事業の執行について、第三者（丙）に対し損害を与えたこと。実務上、最も問題となる点がこれです。

ここでいう「事業の執行につき」という要件の有無は、外形的に判断すれば足りるとされています。外部からはうかがい知ることができない内部的な事実関係まで考慮する必要はないという意味です。このような立場を**外形標準説**といいます。最高裁の判例は、この考え方を採用しています（最判昭40・11・30民集19・8・2049）。

第1部　総論　1　民法上の不法行為責任

　そして、乙が営業活動をするために車に乗って移動するということは、第三者からみた場合、甲社の事業のために行っていると通常は理解されます（乙が、甲社とは無関係に、プライベートな時間を自由に過ごしていたと理解することは困難です。）。

　ただし、本問の場合、甲社が乙の自家用車を使用した営業活動を承認していたか否かが、重要な問題となります。仮に承認（又は黙認）していた場合は、事業の執行性を肯定することができます。一方、承認していなかった場合は、これを肯定することは、原則として困難となります。

④　使用者である甲に免責事由が存在しないこと。確かに、条文上は免責事由が定められていますが、しかし、実務上はそのような免責が認められることはほとんどありません。したがって、使用者責任の規定は、**無過失責任**に近い性格を帯びているということができます。

(c)　**代理監督者の責任**

　甲社において、甲社（使用者）に代わって被用者の選任・監督の一方または双方を行う者を**代理監督者**といいます（民715条2項）。ここでいう代理監督者とは、客観的にみて使用者に代わって現実に事業を監督する立場にある者を指します（最判昭42・5・30民集21・4・961）。そのような者が甲社に存在した場合、同人は、甲社とともに代理監督者責任を負います。

(3)　**運行供用者責任**

　仮に甲社において、乙の自家用車を使った営業活動を認めていた場合は、甲社は、自賠法3条の運行供用者に該当すると解釈することも可能です（Q11参照。最判昭52・12・22判時878・60、最判平元・6・6交民22・3・551）。

　その場合、乙もまた保有者として甲社と並んで運行供用者責任を負うと解するか、あるいは単なる運転者として民法709条の不法行為責任を負うと解するかという点については、考え方が分かれると思われます（Q10参照）。

(4)　**不真正連帯債務の関係**

　以上、甲社が乙の自家用車を使った営業を認めていた場合には、原則的に甲社は民法715条の使用者責任を負い、他方、乙は民法709条の不法行為責任を負うと解されます。その場合、双方の債務は、不真正連帯債務の関係に立

19

Q7　使用者責任

つと解されます（最判昭45・4・21判時595・54。Q4参照）。

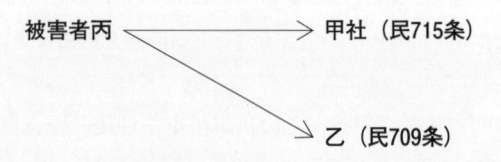

```
被害者丙 ─────────→ 甲社（民715条）
           ╲
            ╲
             ╲→ 乙（民709条）
```

(5) 甲社から乙に対する求償権行使

　民法715条3項によれば、損害賠償義務を果たした甲社は、被用者（従業員）である乙に対し、求償権を行使することができるとされています。ここで、甲社は乙に対し、賠償額の全額を求償することができるか、という点が問題となります。

　この点について最高裁の判例は、損害の公平な分担という見地から、必ずしも全額を求償することまでは認めておらず、信義則上、相当と認められる限度においてのみ求償を認めるとする立場をとっています（**求償権の制限**。最判昭51・7・8民集30・7・689）。

　したがって、仮に甲社が、例えば100万円を丙に対して損害賠償金として支払ったとしても、具体的事情によっては、そのうちの20万円から30万円程度しか、乙に対する求償が認められない可能性があります。

　最近の下級審判決の中には、工場内でフォークリフトを運転中に死亡事故を起こした従業員に対し、会社が求償権を行使したところ、会社支払額の25パーセントの限度でこれを認めたものがあります（大阪地判平23・12・1交民44・6・1509）。

2　自動車損害賠償保障法の運行供用者責任

Q8　運行供用者責任

設問　運行供用者責任というものがあると聞きましたが、この責任はどのような性格を有しますか？また、運行供用者責任が免責される場合はありますか？

A　運行供用者責任とは、自賠法3条が定める責任を指します。実質的な無過失責任という性格を持ちます。運行供用者において、免責3要件を立証できれば、免責されます。

解　説

(1)　**実質的な無過失責任**

(a)　**民法の一般原則**

　民法の一般原則からすると、交通事故のような不法行為が発生し、被害者に何らかの損害が生じ、加害者に対してその損害を賠償することを求めようとする場合、被害者の側において、民法709条の不法行為が成立するための要件を証明する必要があります（立証責任は、被害者の方にあります。Q2参照）。

(b)　**立証責任の転換**

　しかし、民法の原則をそのまま貫徹した場合、交通事故の被害者にとっては、酷とも思える不合理な事態が発生することもあり得ます。

　例えば、前方の車道から歩行者の方に向かって車道を走行してきた車が、突然、車道を逸れて歩道に乗り上げ、歩道上の歩行者をはねたような場合、

Q8 運行供用者責任

民法の一般原則によれば、歩行者の側で積極的に車を運転していた者に過失があったことを証明しなければなりません。しかし、車がなぜ車道を逸れたのかについて、歩行者がその原因を究明することは必ずしも容易ではありません（例えば、車を運転していた者が、事故原因について何も語ろうとしないような場合は、事故原因を被害者の側で証明することは通常困難です。）。

そこで、**自賠法3条**は、被害者を救済するために、民法の一般原則を修正し、人身事故に限って損害賠償責任を運行供用者に集中させることにしました（したがって、物損事故には本条の適用がありません。）。

具体的にいうと、加害者つまり運行供用者の側で、自分が免責されるための三つの要件（免責3要件）を積極的に証明しない限り、損害賠償責任を負わなければならないものとしました。

> 自賠法3条 「自己のために自動車を運行の用に供する者は、その運行によって他人の生命又は身体を害したときは、これによって生じた損害を賠償する責に任ずる。ただし、自己及び運転者が自動車の運行に関し注意を怠らなかったこと、被害者又は運転者以外の第三者に故意又は過失があったこと並びに自動車に構造上の欠陥又は機能の障害がなかったことを証明したときは、この限りでない。」

(2) **運行供用者の認定基準**

(a) **運行供用者とは**

運行供用者とは、自賠法3条でいう「自己のために自動車を運行の用に供する者」を指します。運行供用者の意味について、最高裁の判例は、「自動車の使用についての支配権を有し、かつ、その使用により享受する利益が自己に帰属する者を意味する」としています（最判昭43・9・24判時539・40）。

つまり、自動車の使用について、運行支配と運行利益を有する者が運行供用者となります（このような考え方を「**二元説**」と呼ぶことがあります。）。

これに対し、運行支配の要件だけで判断すれば足りるとする立場もあります（このような立場を「**一元説**」と呼ぶことがあります。最判昭50・11・18民集

29・10・1818)。

なお、「運行」の意味については、Q9を参照してください。

(b) 運行供用者性の立証責任

損害賠償請求訴訟において、被告(加害者)が運行供用者に当たることを、原告(被害者)がどの程度立証すれば足りるか、という問題があります。この点について、裁判実務は、原告は、被告が事故を起こした自動車について所有権、賃借権、使用借権などの使用権原を有していたことを立証すれば足りる、としています。

例えば、裁判所に提出する訴状の請求原因として、「被告は、本件自動車を保有していたから運行供用者に当たる。」と記載すれば足ります(Q56参照)。

これに対し、仮にそのような事実が存在しないのであれば、被告の方で、自分には事故を起こした自動車の使用権原がなかったことを積極的に立証する必要があります(被告の方でそのことを立証できなかったときは、裁判所としては、被告は運行供用者に当たるという判断を下すことになります。)。

このように、運行供用者責任は、**実質的な無過失責任**であるといわれます。

(3) 免責3要件

加害者が、たとえ運行供用者に該当しても、免責3要件をすべて立証することができれば、損害賠償責任を免れることができます。以下の(a)から(c)までが、それに当たります(**免責3要件**)。

(a) 自己および運転者の無過失

運行供用者および運転者(他人のために自動車を運転する者および運転の補助に従事する者をいいます。自賠2条4項参照)が、自動車の運行に関し、注意を怠らなかったこと、つまり無過失という意味です。

例えば、甲が国道を大型トラックで走行していたところ、反対車線を走行中の乙の運転する軽自動車が、急に中央線を越えて甲の運転するトラックに正面衝突したため、軽自動車が大破して乙が重傷を負った場合がこれに当たります。乙は、当該事故によって損害を被りますが、その損害を甲に対し請求することはできない、ということになります。

Q8　運行供用者責任

それは、甲としては、当該事故の発生を予見することも回避することもできなかったと評価されるからです。つまり、甲には過失が認められないため、運行供用者責任を免れることになります（もちろん、他の二つの要件を同時に満たす必要はあります。）。

(b) **被害者または運転者以外の第三者の故意・過失**

第1に、事故の被害者に過失がある場合を指します。上記の例でいえば、軽自動車を運転していた乙が、急に中央線を越えて走行してきたのですから、被害者である乙に過失があることは明らかです。

第2に、第三者に故意・過失がある場合です。これは、例えば、上記の例で、軽自動車の助手席にたまたま同乗していた丙が、運転席のハンドルを勝手に回したために車が中央線を越えたような場合を指します。この場合、第三者丙には故意が認められます。

(c) **自動車に構造上の欠陥がなかったこと**

自動車に構造上の欠陥があった場合には、運行供用者責任は免責されないという意味です。ここでいう構造上の欠陥とは、自動車メーカーに責任のあるいわゆる欠陥車の場合がこれに含まれることはもとより、運行供用者に責任がある場合も含まれると解されます（例えば、整備不良車の場合がこれに当たります。）。

【判例】

①　信号機により交通整理が行われている交差点に、青信号表示に従って進入した乗用車Aと、直進左折矢印を見落として交差点に右折進入したB運転の自動二輪車が衝突して、Bが負傷した事件について、Aの免責を認めた事例（東京地判平18・8・30交民39・4・1179）。

②　信号機により交通整理が行われている交差点におけるA運転の緊急自動車と、B運転の原付自転車の衝突事故について、Aおよび東京都の免責を認めた事例（東京地判平19・2・8交民40・1・199）。

第1部 総論　2　自動車損害賠償保障法の運行供用者責任

Q9　運行の意味

設問　自賠法でいう「運行」とはどのような意味ですか？

A　自賠法2条2項によれば、運行とは、「人又は物を運送するとしないとにかかわらず、自動車を当該装置の用い方に従い用いることをいう。」と定められています。

解　説

(1)　自賠法2条2項の「運行」の意味

　(a)　運行の定義

　自賠法2条2項は、「この法律で『運行』とは、人又は物を運送するとしないとにかかわらず、自動車を当該装置の用い方に従い用いることをいう。」と定めています。

　運行の意味については、これを広く解釈する立場もあれば、なるべく狭く解釈しようとする立場もあります。

　例えば、道路を普通に走行している車が通行人をはねたような場合は、どの立場によっても、自動車を運行の用に供していたことが明らかです。

　一方、例えば道路に一時停止しているクレーン車の運転者が、付属のクレーンを操作して旋回させている最中に、誤って通行人にクレーンを接触させて同人に怪我を負わせた場合は、どう考えるべきでしょうか。この場合は、クレーン車は停止していて、走行はしていません。動いているのはクレーンだけです。

　ここで、クレーンを旋回させることも運行に当たると解釈すれば、自賠法の適用が肯定されることになります。一方、このような場合は運行には当たらないと解すると、自賠法の適用は否定されることになります。

　(b)　最高裁判例の立場

Q9　運行の意味

　この問題について、最高裁の判例は、「自動車をエンジンその他の走行装置により位置の移動を伴う走行状態におく場合だけでなく、本件のように、特殊自動車であるクレーン車を走行停止の状態におき、操縦者において、固有の装置であるクレーンをその目的に従って操縦する場合をも含むものと解する」としています（最判昭52・11・24民集31・6・918）。したがって、上記の場合は、運行に該当すると解されます。

(2)　**自賠法 3 条の「運行によって」の意味**

　先に述べたとおり、自賠法 3 条は、運行供用者責任について定めています（Q 8 参照）。ここで、被害者が、運行供用者に対し損害賠償責任を追及するためには、運行行為と損害との間の因果関係を立証する必要があります。

　つまり、自賠法 3 条の「**運行によって**」という規定の意味は、自動車の運行と被害者の損害発生との間の相当因果関係を指します（最判昭43・10・8判時537・45）。この相当因果関係の立証責任は、被害者にあると解するのが一般的です。

　例えば、車道を自転車に乗って走行中、後方から高速度で迫ってきた車に追突される危険を感じ、追突を回避しようとして自転車を歩道に転倒させたような場合がこれに当たります（このような事例の場合は、裁判所によって因果関係が認められる場合が多いといってよいでしょう。）。

　【判例】

　①　違法駐車中の自動車に、被害者が運転する自動二輪車が衝突して同人が死亡した場合、違法駐車行為は運行に当たるとした事例（大阪高判平19・2・27交民40・1・49）。

　②　休憩中のタクシー乗務員が、タクシーの後部座席ドアを開けたところ、タクシーの後方から進行してきた自転車に衝突し、自転車を運転していた者が死亡した事故について、ドアの開閉は運行に該当するとした事例（東京地判平21・3・30交民42・2・473）。

Q10　保有者・運転者の意味

設問　自賠法2条でいう「保有者」、「運転者」とはどのような者を指しますか？

A　保有者とは、問題となっている車を使用する権利を有し、かつ、当該車を運行の用に供している者をいいます。また、運転者とは、他人のために車を運転する者および運転の補助に従事する者をいいます。

解　説

(1)　保有者および運転者の意味

> 自賠法2条第3項　「この法律で『保有者』とは、自動車の所有者その他自動車を使用する権利を有する者で、自己のために自動車を運行の用に供するものをいう。」
> 第4項　「この法律で『運転者』とは、他人のために自動車の運転又は運転の補助に従事する者をいう。」

(a)　保有者の意味

保有者に該当するためには、二つの要件を満たす必要があります。

第1の要件は、問題とされる者が、自動車を使用する権利を有していることです。例えば、車の所有者がこれに当たります。また、車を使用する権利を有する者であれば、有償・無償を問いません。例えば、レンタカー会社に利用料金を支払った上で車を借りたような場合は、前者に当たりますし、友人から車を借りたような場合は、後者に当たります。

第2の要件は、自己のために自動車を運行の用に供する者であること、つまり、運行供用者に当たる必要があります（Q8参照）。

Q10 保有者・運転者の意味

(b) 運転者の意味

運転者とは、他人のために自動車を運転する者および運転の補助に従事する者をいいます。例えば、市営バスの運転手、タクシー会社のタクシー乗務員、宅急便の配達担当者などがこれに当たります。

ここでいう「他人のため」とは、車の運行利益および運行支配が、いずれも運行供用者に帰属することを意味します（例えば、タクシー会社の乗務員は、会社との雇用契約に基づいて会社のタクシーを適法に運転することが許されていますが、同人には運行支配と運行利益が帰属しませんから、保有者とはなり得ません。）。

上記の例でいえば、法人経営のタクシー会社とその乗務員との関係は、会社が保有者（同時に運行供用者）であり、乗務員が運転者となります。

(2) 会社の従業員が起こした交通事故の責任

(a) 問題の所在

例えば、運送会社に雇用されている従業員が、会社所有のトラックを運転して業務に従事している際に、誤って交通事故を起こした場合、誰にどのような責任が発生するか、という問題があります。

(b) 運送会社の責任

運送会社は、トラックを所有しており、また、そのトラックを運行することを通じて経済的利益をあげていますから、運行支配と運行利益は運送会社に帰属しています。したがって、同社は運行供用者に該当し、自賠法3条の運行供用者責任を負います（Q8参照）。また、同社は、使用者責任も同時に負うと解することもできます（Q7参照）。

(c) 従業員の責任

運送会社の従業員は、単なる運転者にすぎませんから、民法709条の不法行為責任のみを負います（Q2参照）。

なお、運送会社の責任と従業員である運転者の責任とは、不真正連帯債務の関係に立つと解されますから、双方が連帯して全部の損害賠償責任を負うことになります（Q4参照）。

第1部 総論　2　自動車損害賠償保障法の運行供用者責任

Q11　運行供用者責任が問題となる場合

設問　自賠法3条の運行供用者責任の有無が問題となる事例について、具体的に教えてください。

A　運行供用者に該当するか否かが問題となるのは、多くの場合、車の保有者と現実の使用者が分かれている場合です。

解　説

(1)　車が盗まれた場合
　(a)　車を盗んだ者の責任
　甲が所有する車を泥棒乙が盗んで逃走中に、通行人丙を轢いて傷害を負わせた場合（**泥棒運転**）、果たして乙は運行供用者責任を負うでしょうか。この場合、泥棒乙には、車を使用する正当な権利はありませんが、現にその車を運転して逃走しているわけですから、運行支配と運行利益は同人に帰属していると解されます。したがって、泥棒乙は、運行供用者に該当すると考えられます。
　(b)　車を盗まれた者の責任
　車を盗まれた者甲は、原則として、車に対する運行支配および運行利益を喪失していると解されますから、運行供用者には当たらないと解されます。
　例えば、甲タクシー会社の車庫に、エンジンキーを付けたままドアに鍵を掛けない状態で駐車しておいたタクシーが、泥棒乙によって盗まれ、乙がそのタクシーを使って営業中に、たまたま乗客となった丙に怪我を負わせた事例について、最高裁判例は甲タクシー会社の運行供用者責任を否定しています（最判昭48・12・20民集27・11・1611）。
　その理由として、同判例は、甲タクシー会社には、盗まれたタクシーについての運行支配も運行利益もないことをあげています。

Q 11　運行供用者責任が問題となる場合

ただし、車を盗まれたことについて、保有者としての管理責任を十分に果たしておらず過失があったと評価される場合や、盗難を容認していたといわれても仕方がないような事情がある場合には、例外的に運行供用者責任を認める立場もあります。

例えば、車の所有者甲が日本を離れる際に、車のキーを知人乙に預けておいたところ、車が盗まれて人身事故が発生した場合に、甲の運行供用者責任を認めた判例があります（東京地判平20・2・4交民41・1・148）。

(c)　**無断使用運転**

車を無断使用した者が起こした人身事故について（**無断運転**）、果たして車の保有者は運行供用者責任を負わされるでしょうか。無断使用の場合は、泥棒運転と同じく保有者の同意がありません。反面、保有者と無断使用者との間には何らかの人的関係が存在します。

例えば、農協の運転手が、私用のために農協が所有する車を運転中に人身事故を起こした場合について、客観的・外形的にみて、所有者である農協のために車を運行の用に供していたといえるか否かという基準を立てた上で、農協は運行供用者に当たるとした最高裁判例があります（最判昭39・2・11民集18・2・315）。

また、甲の家に遊びに来ていた乙が、甲が眠っている間に、勝手に甲所有の車を運転して買物に行く途中で人身事故を起こした場合に、甲の運行供用者責任を認めた判例があります（神戸地判平20・3・21交民41・2・418）。

(2)　**マイカーの場合**

会社の従業員が、会社の業務とは無関係に個人的目的で自家用車（**マイカー**）を運転中に人身事故を起こした場合、会社がその責任を問われることは原則的にありません。

しかし、会社が従業員に対し、マイカーを会社の業務に使用することを承認していた場合や、原則禁止でも事実上は黙認していた場合は、会社にも運行利益が生じていたと考えることが可能であり、そのような場合には、会社についても運行供用者責任が発生することになります。

例えば、最高裁判例は、建設会社の従業員が、マイカーで工事現場から会

社の寮に帰る途中で起こした人身事故について、会社は、日頃から従業員が寮から工事現場に通勤するための交通手段として従業員のマイカー使用を黙認しており、また、会社の建物に隣接する駐車場を従業員のマイカーの駐車場として使用することを認めていた場合は、会社は従業員のマイカーの運行について指導監督をなし得る立場にあったとして、会社の運行供用者責任を認めました（最判平元・6・6交民22・3・551）。

これに対し、会社の従業員が、マイカーを運転して帰宅する途中で人身事故を起こした事例で、会社が従業員に対しマイカー通勤を禁止していた場合には、会社は運行供用者責任を負わないとした判決もあります（大阪地判平18・12・13交民39・6・1703）。

(3) 車の貸借の場合

車の所有者甲が、その車を知人乙に貸して（**車の貸借**）、乙が車を運転中に人身事故を起こした場合、乙が運行供用者に該当することに異論はありません。

また、車を貸した甲にも運行供用者責任が認められることが原則です。なぜなら、貸主は、未だ車に対する運行支配と運行利益を喪失していないと考えられるからです。

例えば、甲自動車会社が所有する車を乙タクシー会社に貸したところ、乙タクシー会社の乗務員がその車を運転中に人身事故を起こした場合に、甲自動車会社に運行供用者責任が認められるとした判例があります（東京地判平21・3・30交民42・2・473）。

しかし、事情によっては、車の貸主の運行供用者責任が否定されることがあります。例えば、車の貸主甲が、約2時間後には車を返還してもらう約束で車を知人乙に貸したが、乙は最初から長期間にわたって車を使用する意図を持っており、そのことを甲に告げずに車を借りたため、返還期限を過ぎても、「もう少し待って欲しい。」などと言い訳をして車を使い続けていたところ、約束した返還期限から約1か月後に死亡事故を起こしたという事例について、最高裁判例は、甲の運行供用者責任を否定しました（最判平9・11・27判時1626・65）。

31

Q 11　運行供用者責任が問題となる場合

　この事例において、最高裁は、本件事故当時、車の運行は専ら乙が支配しており、甲は運行を支配する立場になく、また、運行利益も甲に帰属していたとはいえなかったことを理由に、甲は運行供用者には当たらないと判断しました。

(4)　**親の所有車を子が運転した場合**

　親が所有する車を、同居する子が親の同意を得ることなく運転し、人身事故を起こした場合、子に運行供用者責任があることは当然です。

　では、車を勝手に持ち出された親にも責任があるのか、という点が問題となります。同居の家族間では、親の車を子が運転することについて、通常、親は包括的に同意を与えていると考えられます。また、親は車に対する運行支配と運行利益を有していると考えられますので、親にも運行供用者責任を肯定する立場が一般的です。

　なお、子が所有する車を、親が運転中に人身事故を起こした場合であっても、日頃から親にその車を使用させていたような事情があるときは、子にも運行供用者責任が認められる場合が例外的にあります（大阪地判平21・2・16交民42・1・154）。

(5)　**レンタカーの場合**

　(a)　**レンタカー業者の責任**

　レンタカー業者は、客が、借りたレンタカーで人身事故を起こした場合、原則として運行供用者責任を負担すると解されています。なぜなら、レンタカー業者は、車を客（借主）に賃貸する契約を結ぶ際、客について運転免許証その他一定の利用資格の有無を審査していること、同契約上、使用期間は通常は短期間であること、賃貸料金も相当高額にのぼること、客は利用時間、走行区域、制限走行距離等の規約遵守義務を負っていること、などの理由をあげることができるからです。

　(b)　**客の責任**

　レンタカーを借りた客が、レンタカーを自分で運転中に起こした人身事故について、運行供用者責任を問われることに異論はありません。

　また、数人がレンタカーを共同で借りて、交代で運転するなどしてレンタ

カーの運行に積極的に関与していると認められる場合は、そのうちの1人が事故を起こした場合に、事故当時は運転行為をしていなかった他の者にも、共同運行供用者責任が発生することがあり得ると考えられます。

(6) **車を修理に出した場合**

客が自分の所有する車を修理に出したところ、**修理業者**が修理車を運転して人身事故を起こした場合、修理業者が運行供用者責任を負います。この場合、仮に修理業者の従業員が事故を起こした場合であっても、修理業者が運行供用者責任を負担することになります（最判昭44・9・12民集23・9・1654）。

一方、車を修理に出した客は、車を修理に出した時点で車に対する運行支配と運行利益を失うと考えられますから、運行供用者には当たらないと解されます。

(7) **運転代行業者の場合**

(a) **運転代行業者の責任**

運転代行業者は、車の所有者である客の指示に基づいて、指定の場所まで車を運転する事務を有償で請け負っていると考えられますから、車に対する運行支配と運行利益を有すると解されます。したがって、運行代行業者は、運行供用者に該当します。

(b) **客の責任**

他方、車の所有者である客は運行供用者に当たるかどうか、という問題があります。車の所有者は、客としての立場で、原則的に車の運転を代行業者に委ねているとしても、依然として車の運行について、代行業者に対し指示を出せる立場にあると考えられます。したがって、客もまた運行供用者に該当すると解されます。

Q12　自賠法3条の「他人」の意味

設問　自賠法3条の運行供用者が責任を負う相手は、「他人」であると聞きました。ここでいう「他人」とは、どのような者を指しますか？

A　自賠法3条の「他人」とは、運行供用者および運転者（運転補助者を含みます。）を除くそれ以外の者を指します。

解　説

(1)　**自賠法3条の「他人」の意味**

　自賠法3条によって保護を受ける者は、同条でいう「**他人**」です。ここでいう他人とは、運行供用者および運転者（運転補助者を含みます。）以外の第三者を指します。

　例えば、甲社の所有するトラックを、従業員である乙が業務上運転していたところ、誤って通行人丙を轢いて怪我を負わせた場合、甲社は運行供用者に当たり、また、乙は運転者に当たりますが、通行人丙はそれ以外の第三者に当たりますから、他人として保護されます。

　ちなみに、夫の運転する車の助手席に妻が同乗していたところ、夫が運転を誤って事故を起こし、妻が負傷した場合に、最高裁判例は、「妻も他人に当たる」という判断を示しています（最判昭47・5・30民集16・12・898）。

　さらに、親甲の運転するワゴン車の後部座席に子供乙が同乗して信号待ちをしていたところ、後ろから丙の運転するトラックが追突し、乙が死傷した場合、乙は、親甲および丙との関係で、他人となります。

(2)　**共同運行供用者**

　発生した事故について、運行供用者は、必ずしも一人とは限りません。例えば、甲所有車を乙が甲から借りて運転中、丙と衝突して同人を負傷させた場合、甲および乙は、いずれも運行供用者としての責任を負います。この甲

および乙のような者を**共同運行供用者**といいます。
(3) 共同運行供用者の他人性
 (a) 問題の所在
　共同運行供用者のうちの一部の者が事故で受傷した場合、他の共同運行供用者に対し、自分が他人に該当すると主張できるか、という問題があります。例えば、甲社が所有する車を甲社の従業員である乙が運転して、後部座席に甲社の取締役丙を乗車させて走行中、乙の運転ミスが原因で交通事故を起こし、車の後部座席に乗っていた丙が受傷した場合、運行供用者は甲社と丙の二人となります（共同運行供用者）。
　この事例において、仮に共同運行供用者である丙が他人に当たるとされた場合、丙は、甲社に対し運行供用者責任を追及することができることになります（また、乙に対し不法行為責任を追及することができます。）。
　一方、仮に丙が他人に当たらないとされた場合、丙は甲社に対し、使用者責任を追及することになります（また、乙に対し不法行為責任を追及することができます。）。なお、運行供用者責任を追及する利点は、保有者の損害賠償責任が発生した場合、自賠責保険の適用が認められる点にあります。
 (b) 最高裁判例の立場
　最高裁判例は、共同運行供用者については、いずれの方が車に対する支配力が強いか、という基準を立てて問題を解決する手法をとっています。
　すなわち、上記の車に対する甲社の支配の程度は、「間接的・潜在的・抽象的」であるのに対し、取締役丙の支配の程度は、「直接的・顕在的・具体的」であるとして、取締役丙は甲社に対し、自分が自賠法3条の他人に当たると主張することを認めませんでした（最判昭50・11・4民集29・10・1501）。

取締役丙（共同運行供用者）	⟹	甲社（共同運行供用者）
直接的・顕在的・具体的	他人であると主張できない	間接的・潜在的・抽象的

Q13　所有者同乗中の事故

設問　車の所有者甲が、第三者乙に車を運転させていた際、乙が運転を誤って自損事故を起こし、同乗中の甲が負傷した場合、甲は乙に対し、自分が自賠法3条の他人に当たると主張することができますか？

A　原則としてできませんが、自動車運転代行業者に運転を委ねていたような場合は、例外的にできると解されます。

解　説

(1) 原則

　車の所有者甲が、第三者乙に車の運転を任せた結果、乙が運転を誤って事故を起こし、甲が負傷した場合、甲は乙に対し、自分が自賠法3条の他人に当たると主張することは、原則として、できないと解されます。

　その理由は、車の所有者甲は、事故防止の中心的役割を負う所有者として車に同乗していたものであって、いつでも乙に対し運転の交替を命ずることができ、また、運転について乙に具体的に指示することができる立場にあったといえるからです（最判昭57・11・26民集36・11・2318）。

(2) 例外

　しかし、甲が飲酒しており車を自分で運転できないため、運転代行業者に車の運転を代行させていたような場合は別です（Q11参照）。乙が代行業者の場合は、乙は車を使用する権利を有し、自己のために運行の用に供していたといえます。反面、甲は飲酒していますから、車を安全に運転することはできず、車の運転については専ら代行業者である乙に任せるほかないことになります。このような場合は、甲は乙に対し、自分が自賠法3条の他人に当たると主張することができると解されます（最判平9・10・31民集51・9・3962）。

第1部　総論　2　自動車損害賠償保障法の運行供用者責任

Q14　自賠責保険の被保険者

設問　車で人身事故を起こした場合、被保険者となるのは誰ですか？

A　自賠法11条によって、車の保有者および運転者が、被保険者つまり損害を塡補される者となります。

解　説

(1)　自賠責保険の被保険者
(a)　概説
　車を運転中に人身事故を起こした場合、自賠責保険（または自賠責共済）で損害を塡補される者（**自賠責保険の被保険者**・自賠責共済の被共済者）は、車の保有者および運転者です。

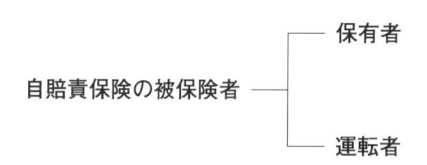

```
                          ┬── 保有者
自賠責保険の被保険者 ─┤
                          └── 運転者
```

　自賠法11条第1項　「責任保険の契約は、第3条の規定による保有者の損害賠償の責任が発生した場合において、これによる保有者の損害及び運転者もその被害者に対して損害賠償の責任を負うべきときのこれによる運転者の損害を保険会社がてん補することを約し、保険契約者が保険会社に保険料を支払うことを約することによって、その効力を生ずる。」

　保有者とは、車を使用する権利があって、かつ、運行供用者に該当する者をいい、また、運転者とは、他人のために自動車を運転する者（および運転の補助に従事する者）をいいます（Q10参照）。

Q14　自賠責保険の被保険者

(b)　**自賠責保険が使える場合**

　自賠責保険の契約は、車1台ごとに締結する必要がありますが（自賠12条）、ある車について自賠責保険契約が締結されていれば、あらゆる保有者および運転者が、被保険者となります。ただし、自賠責保険を使うためには、車の保有者に損害賠償責任（運行供用者責任）が生ずる必要があります。

　例えば、車の所有者甲から車を借りた乙が、その車を運転中に人身事故を起こし、通行人丙に怪我を負わせた場合、運行供用者は、甲および乙となって、車の保有者に責任が生じています。この場合、事故を起こした乙が、丙の治療費を支払った後に、その治療費について自賠責保険に対し加害者請求をすれば、保険金の支払いを受けられます（Q43参照）。

(c)　**自賠責保険が使えない場合**

　例えば、泥棒乙が、所有者甲から盗んだ車を運転中、丙に対し怪我を負わせた場合、被害者丙は自賠責保険によっては救済されない可能性が高いといえます。なぜなら、車を盗まれた所有者甲は、原則的に車に対する運行支配を失っていると考えられるため運行供用者には該当せず、また、泥棒乙自身も、車を運転する権利がないことから保有者には当たらないためです。この場合、被害者丙としては、政府の保障事業に請求する方法があります（Q15参照）。

(2)　**運転者も被保険者とされている理由**

　運送会社を例にとった場合、運転者が起こした人身事故について、運行供用者責任を負うのは運送会社です。賠償金を被害者に支払った運送会社から、自賠責保険に対し保険金の支払請求があった場合、自賠責保険はこれに応じることになります。他方、保険法25条は、保険者は、被保険者が第三者に対して有する権利を代位取得することを認めています。

　そのため、仮に運転者が被保険者とされていない場合は、自賠責保険は、運転者に対し求償することができることになります。しかし、他人のために働く一労働者にすぎない従業員に対し、そのような重い負担を課することは適切とは考えられません。そこで、運転者も被保険者とすることによって、求償を認めないこととしたわけです。

第1部 総論　2　自動車損害賠償保障法の運行供用者責任

Q15　政府の保障事業

設問　無保険車による交通事故で損害を受けた被害者の場合、何か補償を受けられる公的制度はありませんか？

A　自賠法72条によって、政府に対し保障金を請求することができます。

解　説

(1) 政府の保障事業

(a) 政府の保障事業とは

自賠法71条は、「政府は、この法律の規定により、自動車損害賠償保障事業を行う。」と定めます。これを**政府の保障事業**といいます。これを受けて、同法72条1項は、その要件を定めています。

(b) 政府の保障事業が行われる場合

政府の保障事業が行われるためには、まず、自動車の運行によって生命または身体を害された者（人身事故の被害者）が存在することが必要です。

そして、保障事業が行われる第1の場合とは、加害自動車の保有者が不明の場合です。例えば、ひき逃げ事故の場合、誰が加害自動車を運転していたのか不明ですから、被保険者である保有者は不詳となって、被害者は自賠責保険で損害を塡補してもらうことはできません（Q43参照）。

第2の場合とは、人身事故を起こした者（加害者）は特定されているが、その者が自賠責保険（又は自賠責共済）の被保険者でない場合です。これには、さらに二つの場合があります。

第1に、事故を起こした自動車に自賠責保険が付いていなかった場合です。第2に、事故を起こした自動車に自賠責保険が付いているが、自動車を使用する権利を有する者が被保険者とならない場合です。例えば、泥棒運転による人身事故の場合がこれに当たります（Q14参照）。これらの場合、被害者

Q 15　政府の保障事業

は、自賠責保険で損害の塡補を受けることができません。

(2) **保障金請求権の法的性格**

前記の要件を満たした被害者は、政府に対し損害の塡補を求めることができます。この制度によって被害者に認められた権利を**保障金請求権**といいますが、その法的性格は、損害賠償請求権ではなく、自賠法によって新たに創設された公法上の権利であるとする立場が有力です（東京地判平17・6・30交民38・3・876）。

(3) **保障金請求権の請求手続き**

(a) **時効期間**

保障金請求権の請求先は、どこの自賠責保険会社（責任共済）であっても構いません（自賠77条）。

また、保障金請求権は、事故発生時（ただし、後遺障害が認められた場合は症状固定時）から、3年で時効消滅します（同75条）。これに関連して、自賠法3条の保有者の責任の有無が争われた事件で、最高裁は、消滅時効の起算点は、同条による損害賠償請求権が存在しないことが確定した時である、という立場を示しました（最判平8・3・5判時1567・96）。

(b) **期限の定めのない債務**

自賠法72条1項後段の規定による塡補金（保障金）の支払義務は、期限の定めのない債務として発生し、民法412条3項により、政府が履行の請求を受けた時から履行遅滞に陥ると解されます（最判平17・6・2民集59・5・901）。

(4) **保障事業の内容**

政府の保障事業の内容は、基本的に自賠責保険と同様ですが、過失相殺については、被害者に重大な過失がある場合に限り必要な減額が行われるとされています（国土交通省自動車局保障制度参事官室・新版逐条解説自動車損害賠償保障法225頁）。また、他法令による給付が行われる場合は、それを先行して行わせる取扱いとなっています（自賠73条）。

3 加害者の刑事上および行政上の責任

Q16 人身事故を起こした者の刑事責任

設問 人身事故を起こした者には、どのような刑事責任が発生しますか？

A 人身事故については、単に刑法が適用される場合と、刑法の適用に加え道路交通法が適用される場合があります。

解　説

(1) **はじめに**

　人身事故（本書では、人について死傷結果が生じた事故を指します。）が発生した場合、刑法に定めのある自動車運転過失致死傷罪（刑211条2項）または危険運転致死傷罪（同208条の2）のみが適用される場合と、これに加え、道路交通法（以下「道交法」といいます。）も適用される場合があります。

　そこで、以下、順次解説を加えます。

(2) **自動車運転過失致死傷罪**

　(a) **自動車運転過失致死傷罪の適用**

　人身事故が発生した場合、通常適用される可能性が最も高いのは、刑法に規定のある**自動車運転過失致死傷罪**です（刑211条2項）。

> 刑法211条第2項　「自動車の運転上必要な注意を怠り、よって人を死傷させた者は、7年以下の懲役若しくは禁固又は100万円以下の罰金に処する。ただし、その傷害が軽いときは、情状により、その刑を免除することができる。」

Q 16　人身事故を起こした者の刑事責任

(b)　**自動車の意味**

　ここでいう「**自動車**」の意味が問題となりますが、刑法には特に定義がありません。そこで、道交法の規定に従って忠実に解釈した場合、原動機を用い、かつ、レールまたは架線によらないで運転する車であって、原動機付自転車および自転車を除いたもの、となります（道交2条1項9号）。**(注1)**

　しかし、運転行為に免許を必要とし、また、「走る凶器」ともなり得る原動機付自転車をここで自動車から除外する理由は特になく、本書ではこれも自動車に含めてよいと解します。

　したがって、刑法211条2項でいう自動車には、四輪車以外にも自動二輪車（オートバイ）および原動機付自転車（バイク）が含まれると解されます（前田雅英・刑法各論講義［第5版］86頁）。**(注2)**

　(注1)　道交法でいう「**車両**」の定義

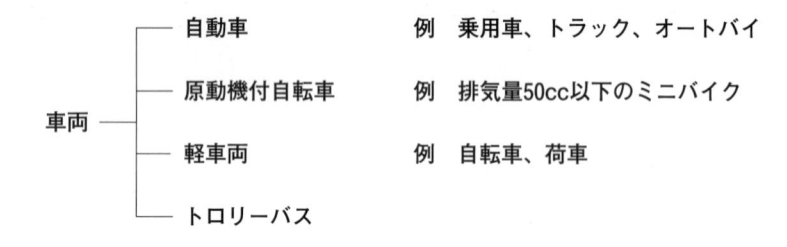

車両
├─ 自動車　　　　　　　例　乗用車、トラック、オートバイ
├─ 原動機付自転車　　　例　排気量50cc以下のミニバイク
├─ 軽車両　　　　　　　例　自転車、荷車
└─ トロリーバス

　(注2)　**自転車**は軽車両に含まれるが、自転車が人身事故を起こした場合はどう考えるべきか。自転車の走行は、類型的に危険な行為とまではいえないことを理由に、業務上過失致傷罪（刑211条1項前段）の成立を否定し、過失傷害罪（同209条）、過失致死罪（同210条）または重過失致死傷罪（同211条1項後段）の、いずれかの罪が成立すると解するのが一般的である。

(c)　**過失とは**

　自動車運転過失致死傷罪は、自動車を運転して、「**過失**」によって人を死亡させ、または人に傷害を負わせた場合に成立します。

　ここでいう過失とは、一般的には**注意義務違反**（不注意）といわれるものです。その内容は、普通に注意を払っていれば事故発生という結果を予見す

ることも回避することもできたが、注意を払うことを怠ったため、事故を起こしてしまった場合を指します（注意義務違反の内容としては二つのものがあり、そもそも**結果予見義務**を怠った場合と、結果予見義務は尽くしたが**結果回避義務**を怠った場合があります。）。

(d) **法定刑**

法定刑として、7年以下の懲役・禁固または100万円以下の罰金が定められています。

(e) **他罪との関係**

自動車運転過失致死傷罪を実行し、さらに道交法違反が認められる場合、罪数関係はどうなるでしょうか。

例えば、自動車運転過失致死傷罪と酒酔い運転の罪（道交65条・117条の2第1号）が成立した場合に、**併合罪**（刑45条）とみるべきか、あるいは**観念的競合**（同54条）とみるべきか、という問題があります。**(注)**

この点について、最高裁の判例は、車の運転行為は継続的な行為であるのに対し、人身事故は運転継続中の「一時点一場所における現象」であって、これらは社会的見解上別個のものと評価すべきであって、一個のものとみることはできないとしています（最判昭49・5・29刑集28・4・114）。つまり、併合罪に当たるとしています。

> **(注)** 併合罪とは、確定裁判を経ない数個以上の罪をいう。併合罪の場合、有期懲役・禁固刑の長期は、原則として最も重い罪について定めた刑の長期を1.5倍して求められる（刑47条）。また、観念的競合とは、1個の行為が2個以上の罪名に触れる場合をいう。この場合は、最も重い刑によって処断される（同54条）。

(3) **危険運転致死傷罪**

(a) **本罪の性格**

悪質かつ危険な自動車運転行為に伴って人身事故が発生した場合に、その運転者の責任を重く問う趣旨で、平成13年12月25日から施行されたのが、**危険運転致死傷罪**です（刑208条の2）。

ここでいう「自動車」とは、前記の自動車運転過失致死傷罪の場合と同様

Q 16　人身事故を起こした者の刑事責任

に考えられます（レールまたは架線によらないで運転する車であって、四輪車、自動二輪車および原動機付自転車を指します。）。

> 刑法208条の2第1項　「アルコール又は薬物の影響により正常な運転が困難な状態で自動車を走行させ、よって、人を負傷させた者は15年以下の懲役に処し、人を死亡させた者は1年以上の有期懲役に処する。その進行を制御することが困難な高速度で、又はその進行を制御する技能を有しないで自動車を走行させ、よって人を死傷させた者も、同様とする。」
> 第2項　「人又は車の通行を妨害する目的で、走行中の自動車の直前に進入し、その他通行中の人又は車に著しく接近し、かつ、重大な交通の危険を生じさせる速度で自動車を運転し、よって人を死傷させた者も、前項と同様とする。赤色信号又はこれに相当する信号を殊更に無視し、かつ、重大な交通の危険を生じさせる速度で自動車を運転し、よって人を死傷させた者も、同様とする。」

(b)　**故意犯であること**

　この罪は、前記の自動車運転過失致死傷罪が純然たる過失犯であるのに対し、危険運転については**故意犯**であるという特徴を有しています（危険な運転行為をすることについては、故意が必要です。）。

　また、本罪は、故意による危険運転行為から、（意図しない）死傷結果が発生した場合に成立するので、その性格は**結果的加重犯**（重い結果について故意がない場合に、基本的犯罪を重く罰する犯罪類型）であると解されます。

　ただし、死傷結果を伴わない危険運転行為を刑法は罰していないので、典型的な結果的加重犯とは構造を異にするといえます（死傷結果が発生しない場合は、別途、道交法で処罰されることになる可能性が高いと考えられます。）。

(c)　**危険運転行為の類型（構成要件の類型）**

　危険運転行為の類型として、刑法208条の2は、次に掲げる五つのものを定めています。すなわち、酩酊運転致死傷罪（刑208条の2第1項）、制御困難運転致死傷罪（同項）、未熟運転致死傷罪（同項）、妨害運転致死傷罪（同条第2項）、信号無視運転致死傷罪（同項）の五つです。

第1部　総論　　3　加害者の刑事上および行政上の責任

危険運転行為の類型	刑　法	犯罪構成要件の内容
①酩酊運転致死傷罪	208条の2第1項	アルコールまたは薬物の影響により正常な運転が困難な状態で自動車を走行させ、よって人を死傷させたこと。（注1）
②制御困難運転致死傷罪	同上	進行を制御することが困難な高速度で自動車を走行させ、よって人を死傷させたこと。
③未熟運転致死傷罪	同上	進行を制御する技能を有しないで自動車を走行させ、よって人を死傷させたこと。（注2）
④妨害運転致死傷罪	208条の2第2項	人または車（自動車、原動機付自転車、自転車等一切の車両をいう。）の通行を妨害する目的で、走行中の自動車の直前に進入し、その他通行中の人または車に著しく接近し、かつ、重大な交通の危険を生じさせる速度で自動車を運転し、よって人を死傷させたこと。（注3）
⑤信号無視運転致死傷罪	同上	赤色信号またはこれに相当する信号をことさら無視し、かつ、重大な交通の危険を生じさせる速度で自動車を運転し、よって人を死傷させたこと。

（注1）　**正常な運転が困難な状態**とは、天候、道路、交通等の状況に応じてハンドル、ブレーキ等の運転装置を適切に操作することが困難な心身の状況をいう。
（注2）　**進行を制御する技能を有しない**とは、ハンドル、ブレーキなどの運転装置を操作する基本的技能を有しないことをいう。無免許運転であっても、ある程度の運転技能を有している場合はこれに含まれない。他方、運転免許を有していてもペーパードライバーのような場合は、これに含まれると解される。
（注3）　**重大な交通の危険を生じさせる速度**とは、妨害行為の結果、相手方と

45

Q 16　人身事故を起こした者の刑事責任

接触・衝突すれば、重大な事故を生じさせる蓋然性があると認められる速度をいう。必ずしも高速度を意味しない（前掲前田62頁）。

(d) 他罪との関係
(i) 危険な運転行為について故意犯の側面を持つ本罪が成立する場合

この場合は、別途、過失犯である自動車運転過失致死傷罪は成立しないと解されます。

(ii) 運転者に傷害の故意が認められる場合

この場合は、**傷害罪**（15年以下の懲役または50万円以下の罰金。刑204条）または**傷害致死罪**（3年以上の有期懲役。刑205条）が成立し、別途、危険運転致死傷罪は成立しないと解されます。

(iii) 殺人の故意（殺意）が認められる場合

この場合は、**殺人罪**（死刑、無期または5年以上の懲役。刑199条）が成立し、危険運転致死傷罪は成立しないと解されます。

(e) 道交法違反の罪との関係
(i) 危険運転致死傷罪の構成要件に組み込まれている場合

危険運転致死傷罪の構成要件に組み込まれている道交法違反行為が生じた場合は、危険運転致死傷罪が成立する限りにおいて、別途、道交法違反は成立しないと解されます（矢代隆義・概説交通警察238頁）。

例えば、酩酊運転致死傷罪（刑208条の2第1項）が成立する場合は、別途、酒酔い運転の罪（道交65条1項・117条の2第1号）は成立しません。

(ii) 危険運転致死傷罪の構成要件に組み込まれていない場合

これに対し、危険運転致死傷罪の構成要件に組み込まれていない道交法違反行為が生じた場合は、双方の罪とも成立し、これらは原則的に併合罪になると解されます（前掲前田66頁）。

例えば、酩酊運転致死傷罪（刑208条の2第1項）を実行した者が、無免許運転であった場合、同人には道交法の無免許運転の罪も成立すると解されます（道交64条・117条の4第2号）。

(f) 危険運転致死傷罪に関連する道交法違反（例示）

道交法 違反行為	条文および 罰則の内容	犯罪構成要件の内容
最高速度違反	22条・118条［6月以下の懲役または10万円以下の罰金］	指定された最高速度を超えて車両を運転すること。
無免許運転	64条・117条の4［1年以下の懲役または30万円以下の罰金］	無免許で自動車または原動機付自転車を運転すること。
酒気帯び運転	65条・117条の2の2第1号［3年以下の懲役または50万円以下の罰金］	社会通念上酒気を帯びているといわれる状態にあった者は車両等を運転することが禁止される。それらの者のうち、身体に政令で定める程度以上にアルコールを保有する状態にあったものは、酒気帯び運転をしたとして罰せられる。**(注)**
酒酔い運転	65条・117条の2第1号［5年以下の懲役または100万円以下の罰金］	社会通念上酒気を帯びているといわれる状態にあった者は車両等を運転することが禁止される。それらの者のうち、酒に酔った状態（アルコールの影響によって正常な運転ができないおそれがある状態をいう。）にあったものは、酒酔い運転をしたとして罰せられる。
過労運転等	66条・117条の2第3号［5年以下の懲役または100万円以下の罰金］・117条の2の2第5号［3年以下の懲役または50万円以下の罰金］	過労、病気、薬物の影響その他の理由により正常な運転ができないおそれがある状態で車両等を運転すること。
共同危険行為	68条・117条の3［2年以下の懲役または	2人以上の自動車または原動機付自転車の運転者が、2台以上の自動

Q 16　人身事故を起こした者の刑事責任

	50万円以下の罰金]	車または原動機付自転車を連ねて通行させ、または併進させ、共同して、著しく道路における交通の危険を生じさせまたは著しく他人に迷惑を及ぼすこととなる行為をすること。

(注)　**政令で定めるアルコールの程度**とは、血液1ミリリットルにつき0.3ミリグラムまたは呼気1リットルにつき0.15ミリグラムとされている（道交施行令44条の3）。

第1部　総論　3　加害者の刑事上および行政上の責任

Q17　運転免許の取消し・停止処分

設問　交通事故を起こした者が負うべき行政上の責任とは何ですか？

A　事故を起こした者は、道交法103条の定めるところによって、運転免許の取消し・効力停止処分を受けることがあります。

解　説

(1)　運転免許の取消し・効力の停止処分

　加害者が負うべき行政上の責任とは、同人が道交法違反行為をしたことによって、**運転免許の取消し・効力の停止処分**という不利益処分を受けることを指します（加害者の被害者に対する個人的責任ではありません。）。

　この運転免許の取消し・効力の停止処分を決定する権限を持つのは、同人の住所地を管轄する**都道府県公安委員会**です（道交103条1項）。

(2)　道交法103条

　(a)　処分要件の定め

　運転免許の取消し・効力の停止処分は、行政処分に当たります。処分発動の要件を定めるのは、道交法103条1項・2項です。

　(b)　運転免許の取消し・効力停止処分

　道交法103条1項によれば、公安委員会は、同条の定める一定の事由が生じた場合に、運転免許を取り消し、または停止することができる、としています（ただし、停止期間は6か月を超えない期間とされています。）。

　例えば、発作により意識障害または運動障害をもたらす病気であって政令で定めるものに該当したとき（道交法103条1項1号イ）、あるいは認知症であることが判明したとき（同項1号の2）が、これに当たります。

　(c)　運転免許の取消処分

　道交法103条2項によれば、次のような場合は、都道府県公安委員会は、

49

Q 17　運転免許の取消し・停止処分

運転免許を取り消すことができるとしています。
　① 　自動車等の運転により人を死傷させ、または建造物を損壊させる行為であって故意による行為をした者（1号）
　② 　危険運転致死傷罪に当たる行為をした者（2号）
　③ 　酒酔い運転、麻薬等運転等の罪に当たる行為をした者（3号）
　④ 　救護義務違反の罪に当たる行為をした者（4号）
　⑤ 　道路外致死傷で故意によるものまたは危険運転致死傷罪に当たる行為をした者（5号）

(3)　点数制度

　ここで交通事故に関連するものとして、**点数制度**というものがあります（ここでは、点数制度にしぼって解説します。）。

　前記道交法103条1項5号によれば、「自動車等の運転に関しこの法律若しくはこの法律に基づく命令の規定又はこの法律に基づく処分に違反したとき」も、公安委員会は、運転免許を取り消し、または効力を停止することができるとされています。ここでいう「命令」とは、道交法施行令38条5項を指しますが、点数制度は同条に定められています。

　点数制度とは、要点のみをいえば、道交法に違反した自動車等の運転者について、その者の過去3年間の違反行為について一定の点数を付け、その合計点数が一定の点数に達したときに、運転免許の取消または効力の停止処分を行うものです。

　点数制度の趣旨とは、交通法規に違反した運転者を把握し、これに対する改善措置を講ずるとともに、違反行為に対する処分の基準点数をあらかじめ公表することによって運転者に警告を与え、もって交通事故の発生を未然に防止することを目的とするものと解されます（道路交通法研究会・注解道路交通法［全訂版］656頁）。

(4)　意見の聴取

　都道府県公安員会が、点数制度に従って運転免許の取消しまたは90日以上の効力停止処分をしようとするときは、公開による**意見の聴取**を行わなければなりません（道交104条1項）。

これは、点数制度による運転免許の取消処分等については、行政手続法の適用が除外されているため（道交113条の2）、代替措置として意見の聴取が義務付けられたものです（道交104条1項）。その理由として、仮に行政手続法を適用して聴聞を行うものとした場合は、これに関する事務量が膨大なものとなって重い負担を都道府県警察に課することになること、および処分の内容が客観的に決定されることになっていて都道府県公安委員会の裁量判断を加える余地がないことがあげられています（前掲注解道路交通法［全訂版］811頁）。(注)

道交法104条1項に基づく意見の聴取に当たっては、処分を受ける者またはその代理人は、意見を述べ、かつ、自分に有利な証拠を提出することができるとされています（同条2項）。

(注) 都道府県公安委員会が、点数制度に基づかずに運転免許の取消し等の処分を行う場合は、行政手続法上の意見陳述のための手続きを行わなければならない（ただし、聴聞に限られる。）。その場合は、道交法104条の2の特例が適用される。

(5) 異議申立て

都道府県公安委員会が行った運転免許の取消し・効力停止処分に対し、処分を受けた者が**行政不服申立て**をしようとする場合、行政不服審査法に従って都道府県公安委員会に対し**異議申立て**を行います。

一般的に、行政不服審査法の定める行政不服申立ての種類には、審査請求、異議申立ておよび再審査請求の3種類があります（行服3条）。都道府県公安委員会については上級行政庁が存在しませんので、この場合の不服申立ての種類は、異議申立てということになります（行服6条1号）。

(6) 取消訴訟

上記のとおり、処分に不服のある者は、行政不服申立て（異議申立て）を行うことができます。ただし、行政不服申立てを経ることなく、不利益処分の**取消訴訟**を裁判所に対し提起することもできると解されます（行訴8条1項）。

4　公務員による交通事故の責任

Q18　公務中に発生した交通事故の損害賠償責任

設問　甲県警の警察官（巡査部長）である乙がパトロールカーを運転して、逃走中の犯人丁を追跡中、信号機のない交差点で第三者丙の運転する車と衝突し、丙は怪我を負いました。丙は、誰に対し損害賠償責任を追及することができるでしょうか？
　次に、甲県の職員である乙が、県主催の会議に出席するため公用車に乗って県の出先機関の庁舎に向かっている際に、同じく丙の運転する車と衝突して丙に怪我を負わせた場合には、どう考えるべきでしょうか？

A　警察官乙がパトロールカーを運転して、逃走中の犯人丁を追跡する行為は、公権力の行使に該当すると考えられますので、丙は、国家賠償法1条に基づいて、甲県に対し損害賠償責任を追及することができると解されます。
　次に、甲県の職員である乙が、県の出先機関の庁舎に向かって車を運転して赴く行為は、公権力の行使には当たらないと考えられます。したがって、丙は、甲県には民法715条に基づく使用者責任を、また、乙には民法709条に基づく不法行為責任を追及することができると解されます。なお、甲県および乙に対し自賠法3条に基づく運行供用者責任を追及するという方法も可能と考えられます。

解　説

(1) 乙が甲県警の警察官である場合
　(a) 国家賠償法1条の適用

乙は、甲県警の警察官（巡査部長）ですから、乙は一般職の**地方公務員**となります（地公3条2項）。

ところで、**国家賠償法**1条は、公務員が公権力を行使した際に、他人に対し違法に損害を与えた場合の賠償責任について定めています。

国家賠償法1条第1項「国又は公共団体の公権力の行使に当る公務員が、その職務を行うについて、故意又は過失によって違法に他人に損害を加えたときは、国又は公共団体が、これを賠償する責に任ずる。」
第2項「前項の場合において、公務員に故意又は重大な過失があったときは、国又は公共団体は、その公務員に対して求償権を有する。」

(b)　公権力の行使

国家賠償法1条が定める要件のうち、同条1項の「公権力の行使」に当たるかどうか、という点がしばしば問題となります。これについては諸説あります。

(i)　狭義説

公権力の行使を狭く解釈して、権力的行政活動に当たるものに限定しようとする立場があります（**狭義説**）。この考え方によれば、例えば、課税処分、営業停止命令、道路の通行禁止命令などがこれに当たることになります。

(ii)　広義説

しかし、狭義説では公権力の行使に当たるとされる行為が狭くなりすぎて、被害者の権利救済には十分とはいえないとして、より広く解釈する立場があります（**広義説**）。この考え方によりますと、非権力的行政活動もこれに含まれます。例えば、行政指導、国公立学校における教育活動、行政による情報提供行為なども、これに含まれることになります。

行政実務および最高裁の判例は、この見解をとっていると考えられます（最判昭54・7・10民集33・5・481、最判昭62・2・6判時1232・100）。

(iii)　最広義説

そのほかに、上記のものに加え私経済活動も、公権力の行使に当たるとす

Q 18 公務中に発生した交通事故の損害賠償責任

る立場もあります（**最広義説**）。しかし、契約締結行為のように本来平等な立場にある者の間で発生した損害については、公権力行使の結果として生じたものとは考え難く、妥当な考え方とはいえません。したがって、例えば、国公立病院における医療過誤行為は、民法709条（医師個人の責任）・715条（病院の責任）で処理することになります。**(注)**

　(注)　ただし、地方自治体が主体となって行われる予防接種によって被接種者に後遺障害が生じたような場合は、民間病院で予防接種を受ける場合とは異なって強制的な色彩を帯びることから、公権力の行使に当たるとみるのが最高裁判例の立場である（最判平3・4・19民集45・4・367）。

(c)　本問の場合

本問では、甲県警の警察官乙がパトロールカーを運転し、逃走中の犯人を追跡しています。これは犯罪捜査を目的とする権力的行為であることが明らかです（警察官以外の民間人がこのような活動をすることは法律上認められません。）。したがって、パトロールカーと衝突して負傷した丙は、国家賠償法1条に従って、甲県に対し損害賠償を請求することができると解されます（なお、警ら中の警察官が運転するオートバイが人身事故を起こした事案について、大阪地裁判平22・11・17判決＜交民43・6・1455＞は国家賠償法1条の適用を肯定しています。）。

(d)　加害公務員個人に対する責任追及の可否

ここで、丙は、交通事故を起こした警察官乙個人に対しても損害賠償請求をすることができるか、という問題があります。この点について、最高裁判例はこれを否定する立場をとっています（最判昭30・4・19民集9・5・534）。公務員の個人的責任を否定する根拠として、次のような点があげられます。

①　被害者は、国または地方公共団体から損害賠償金を得ることができれば、それで経済的な補償は受けられることになるのであるから、加害公務員に対する損害賠償請求権の行使を認める必要性はない。

②　仮に、加害公務員個人に対する損害賠償請求を認めることになると、公務員個人に対する訴訟が濫発されるおそれがあり、公務員の職務遂行意欲を萎縮させる危険がある。

(e) **地方公共団体から加害公務員に対する求償**

　甲県が被害者丙に対して損害賠償金を支払った場合、甲県は加害公務員乙に対し、同人に故意または重過失がある場合に限って、求償することが認められています（国賠1条2項）。

(2) **乙が甲県職員である場合**

(a) **国家賠償法1条の不適用**

　乙が甲県の職員である場合も、やはり、乙は地方公務員に該当します。

　そこで、乙が公用車を運転して県の出先庁舎で開催される会議に出席するため車を運転する行為が、果たして公権力の行使に該当するか、という点が問題となります。

　確かに、広義説は、非権力的な行政活動も公権力の行使に含まれるとします。しかし、乙は、単に公用車を運転していたにすぎず、行政活動遂行の性格は希薄といえます。したがって、この場合は、私人が、例えば、会社の営業活動に出かけるため、会社の車を運転中に事故を起こした場合と同様に考えることができます。

　以上のことから、乙が県職員である場合には、国家賠償法1条の適用はないと解されます。

(b) **民法715条の適用**

　本問の場合は、交通事故を起こした県職員乙には民法709条の不法行為責任が発生します（Q2を参照）。また、甲県は、同人の使用者たる地位を有すると考えることができますから、民法715条の使用者責任が発生すると解されます（Q7参照）。あるいは、県職員乙および甲県の双方について、運行供用者責任を認めることも可能であると解されます。

　以上の場合、双方の損害賠償責任は、不真正連帯債務関係に立つと解されます（Q4参照）。

Q19　飲酒運転事故を起こした公務員の責任

設問　甲県の職員である乙は、休みの日に焼肉店で古くからの友人である丁と食事をとりました。その際、2人で瓶ビール2本を飲んだ後、丁は乙に対し、近くにある自宅まで送って欲しいと依頼しました。これに応じた乙は、丁を同乗させた上で車の運転を開始しましたが、途中でハンドル操作を誤って交差点内を歩行していた丙をはね、同人に全治1か月の重傷を負わせました。この場合、乙にはどのような責任が発生するでしょうか？また、同乗していた友人丁はどうなるでしょうか？

A　乙には、民事上の責任、刑事上の責任および行政上の責任の三つのペナルティーが加えられることになる可能性が高いです。また、友人丁も、民事上および刑事上の責任を追及される可能性があります。

解　説

(1)　民事上の責任

(a)　乙の責任

乙は、友人丁とともに飲酒をしていますから、飲酒後は自家用車を運転することを中止する義務を負っています。

ところが、乙は、自家用車を運転して丁宅に赴く途中で、丙をはねて人身事故を起こしていますから、自賠法3条の運行供用者に当たり、運行供用者責任を負います。その結果、丙に対し損害賠償責任を負います（Q8参照）。

(b)　丁の責任

一方、乙の友人である丁の責任はどうなるでしょうか。丁は、乙に対し積極的に自宅（丁宅）まで送り届けることを要求していますから、丁もまた運行供用者とされる可能性があります（Q12参照）。仮に丁もまた運行供用者とされた場合、丁は、乙と同様に損害賠償責任を問われることになります

（民法719条1項の共同不法行為責任）。

　仮に、乙の方から丁に対し、積極的に車に同乗して帰宅するよう勧めたところ、丁は一応その申出を断ったが、結局、車に同乗したような場合は、運行供用者責任を問うことは困難と解されます（ただし、民法719条2項によって不法行為の幇助者とされる余地が残ります。）。

(2) **刑事上の責任**

　(a) **乙の責任**

　乙は、ハンドル操作を誤った結果、歩行者である丙をはねて同人に重傷を負わせていますから、刑法211条2項の自動車運転過失致傷罪が成立します（Q16参照）。

　また、乙は、道交法が禁止する酒酔い運転の罪または酒気帯び運転の罪に問われる可能性が極めて高いと考えられます（Q16参照）。

　(b) **丁の責任**

　丁は、乙が酒気を帯びていることを知っていながら、乙に対し、車で自宅まで送り届けるよう要求して同乗していますから、道交法65条4項の罪が成立します（この場合、罰則は、道交法117条の2の2第4号または同117条の3の2第2号の適用となります。）。

(3) **乙に対する行政上の責任**

　(a) **懲戒処分**

　乙は、甲県の職員ですから、一般職の地方公務員に当たり、同人には地方公務員法の適用が認められます。その結果、同人に対し懲戒処分が下される可能性が高いといえます（Q20参照）。

　また、乙が犯した罪について公訴が提起され、刑事裁判の結果、禁固以上の刑が確定した場合は、乙は失職するため、当然に公務員の身分を失うことになります。

　(b) **運転免許の取消処分**

　乙は、運転免許の取消処分を免れないと考えられます（Q17参照）。

Q20　公務員の懲戒処分

設問　Q19で飲酒運転による人身事故を起こした職員乙は、地方公務員法上どのような不利益処分を受けることになりますか？
　仮に、職員乙に飲酒の事実が一切なく、単にハンドル操作を誤って歩行者丙に全治1か月の怪我を負わせた場合はどうなりますか？

A　乙には、地方公務員法上の懲戒処分が下される可能性が極めて高いと考えられます。また、刑事裁判の結果、禁固以上の刑が確定した場合は当然に失職することになります。

解　説

(1) 懲戒処分

(a) 信用失墜行為の禁止

　職員乙は地方公務員ですから、**全体の奉仕者**として、公共の利益のために勤務し、かつ、職務の遂行に当たっては全力をあげてこれに専念する義務を負います（地公30条）。

　そのため、地方公務員法は、法令順守および上司の命令に従う義務（同32条）、信用失墜行為の禁止（同33条）、守秘義務（同34条）、職務専念義務（同35条）、政治的行為の制限（同36条）、争議行為等の禁止（同37条）、営利企業等の従事制限（同38条）などの身分上の義務を課しています。

　これらの義務のうち、本問に直接関係すると考えられる義務は、**信用失墜行為の禁止**です（地公33条）。この義務は、職務の内外を問わず課せられている義務と考える立場が一般的です。したがって、職務上の義務違反（例えば、収賄行為、職権濫用行為など）はもちろんこれに該当しますが、職務外の私人としての非行（例えば、悪質な交通事故、万引き、喧嘩など）もこれに当たると解されます。

第1部　総論　4　公務員による交通事故の責任

(b)　懲戒事由

　地方公務員法は、公務員としての義務違反行為があった場合、これに対する制裁としての性格を有する**懲戒処分**の制度を定めています（地公29条1項）。一般的に、**懲戒事由**は三つあります。地方公務員に関連する**法令違反**があった場合（1号）、**職務上の義務違反・職務懈怠**（2号）および**全体の奉仕者たるにふさわしくない非行**のあった場合（3号）の三つです。

　ところで、本問の職員乙は、飲酒の上で車を運転し、その結果、歩行者丙をはね、同人に全治1か月の重傷を負わせています。これは、3号の「全体の奉仕者たるにふさわしくない非行」に該当すると考えられます。

(c)　懲戒処分の決定

　懲戒処分の種類としては、四つのものが定められています（地公29条1項）。戒告、減給、停職および免職の四つの種類です。

　本問の職員乙に対し、どのような懲戒処分を行うかについては、原則的に任命権者（甲県知事）の合理的な裁量判断に委ねられるといえます。

(d)　「懲戒処分の指針について」

　この点に関し、人事院は、「懲戒処分の指針について」という通知を公表しています（平成12年3月31日職職－68。最終改正平成20年4月1日職審－127）。これをみると、具体的な処分を量定するに当たり、どのような要素について考慮する必要があるかという点が示されています（Q21参照）。そして、飲酒運転による人身事故を起こした場合は、酒酔い運転による場合が免職、酒気帯び運転による場合が免職または停職とされています。

(e)　職員乙に対する懲戒処分

　甲県においても、おそらく上記人事院の指針を参考に独自の指針を定めているものと思われます。そうしますと、職員乙については、酒酔い運転による場合は免職処分、酒気帯び運転の場合は免職または停職処分とされる公算が大きいと判断されます。

　なお、乙が酒酔い運転をしておらず、ハンドル操作を誤って歩行者丙に全治1か月の傷害を負わせたにすぎない場合には、上記指針を参考に考えると、減給または戒告処分が行われる可能性が高いといえます。

59

Q 20　公務員の懲戒処分

(2)　失職

(a)　欠格条項

地方公務員法16条は、公務員に対する信用・信頼を維持するために、**欠格条項**を定めています。ある者が欠格条項に該当すれば、職員となることは認められませんし、競争試験を受けることもできなくなります。

そして、同条2号は、「禁固以上の刑に処せられ、その執行を終わるまで又はその執行を受けることがなくなるまでの者」と定めます。

(b)　失職

このように、現に職員の身分を有する者が欠格事由に該当した場合は、当然にその職を失うことになります（地公28条4項）。これを**失職**といいます。失職の場合は、当該職員は、何らの行政処分を経ることなく職員の身分を喪失することになります。失職の通知には処分性はありませんから、失職の有効性を争う場合は、通知の取消訴訟ではなく、職員たる地位の確認訴訟（当事者訴訟。行訴4条）を提起することになると解されます。

(c)　最高裁判例

地方公務員法28条4項および16条2号の合憲性について、最高裁の判例は次のように述べています（最判平12・12・19判時1737・141）。

すなわち、「禁固以上の刑に処せられた者が地方公務員として公務に従事する場合には、その者の公務に対する住民の信頼が損なわれるのみならず、当該地方公共団体の公務一般に対する住民の信頼も損なわれるおそれがあるため、このような者を公務の執行から排除することにより公務に対する住民の信頼を確保することを目的としているものである。［中略］地方公務員法28条4項、16条2号の前記目的には合理性があり、地方公務員を法律上右のような制度が設けられていない私企業労働者に比べて不当に差別したものとはいえず、右各規定は憲法13条、14条1項に違反するものではない。」としています。

(d)　職員乙の刑事処分

(i)　飲酒運転をして人身事故を起こした場合

この場合、乙には、自動車運転過失致傷罪（刑211条2項）と酒酔い運転の

罪（道交117条の2第1号）または酒気帯び運転の罪（同117条の2の2第1号）が成立することになりますから、法定刑は、懲役、禁固または罰金刑ということになります（Q16参照）。

しかし、刑事裁判について公訴提起の権限を持つ検察官が（刑訴247条）、このような悪質な人身事故事案について、罰金刑による求刑を選択すると考えることは困難です。したがって、ほぼ間違いなく懲役刑が求刑される、と考えられます。

すると、刑事裁判の結果、職員乙が無罪とされた場合を除き、懲役刑の言渡しが行われる可能性が高いといえます。その場合、仮に**執行猶予**付きの判決が出たとしても、前記欠格事由に該当することになり、職員乙は失職することになります。**(注)**

(ii) **飲酒運転はなく歩行者丙に対し全治1か月の傷害を与えた場合**

この場合、職員乙は、自動車運転過失致傷罪（刑211条2項）に問われることになりますから、法定刑は7年以下の懲役・禁固または100万円以下の罰金刑となります。

この場合、検察官としては、被害者との間で示談が成立し、また、被害者から嘆願書が出ているような場合には、刑事裁判においては罰金刑を選択する可能性が極めて高いと考えられます。その場合、仮に、判決で罰金刑の言渡しがあり、それが確定したときは、禁固以上の刑に処せられたことにはならないため、欠格事由には該当しなくなります。

(注) 執行猶予を付することができるのは、3年以下の懲役・禁固または50万円以下の罰金の言渡しを受けた場合に限られる。その場合、裁判が確定した日から、1年以上5年以下の期間、刑の執行が猶予される（刑25条）。

(e) **退職金の不支給**

甲県の条例で、職員が失職したときは退職金を支給しないと定めていたような場合、乙は退職金を受け取ることはできなくなります（最判平12・12・19判時1737・141）。

Q21　懲戒免職処分の取消訴訟

設問 私（乙）は、甲県の職員でした。私は、休日に家でビールを飲んでいましたが、同居する祖母丙の具合が急に悪くなったので同女を車に乗せて近くの総合病院に向かいました。当時、私は飲酒の影響は全くないと思っていましたが、途中、一時停止中の車に追突する物損事故を起こしました。警察官が来て私の飲酒検査をした結果、酒気帯び状態であると告げられました。そのため、私は30万円の罰金刑を受けました。その後、損保会社同士が話し合って物損事故は示談が成立しました。ほどなくして、私は任命権者である県知事から懲戒免職処分を受けました。しかし、私はこの処分には納得がいかず、人事委員会に対し不服申立てを行いましたが、棄却裁決が出され私の主張は認められませんでした。私は、懲戒免職処分は重すぎると考えますから、処分の取消しを求めて訴訟で争う方針です。果たして、私が勝訴する見込みはあるでしょうか？

A 今回、乙は酒気帯び運転の結果、物損事故を起こしました。このような場合、懲戒処分としては、免職又は停職の処分が相当と考えられます。したがって、事情によっては、懲戒免職処分が取り消される可能性があると考えられます。

解　説

(1) 懲戒処分の量定
　(a) 懲戒処分の指針について
　先にも触れたとおり（Q20参照）、人事院は、「懲戒処分の指針について」という通知を発し、処分を量定する際の指針を公表しています（平成12年3月31日職職－68。最終改正平成20年4月1日職審－127）。
　これによれば、上記指針は、職員が行った非違行為について、「代表的な

事例を選び、それぞれにおける標準的な懲戒処分の種類を掲げたものである。」としています。この指針は、国家公務員を対象としたものですが、地方自治体である甲県においても、おそらくこれと余り違わない内容の指針（通達）が定められていると思われます。

(b) 処分量定に当たっての考慮事項

上記指針によれば、処分量定の決定に当たり、次のような事情を考慮するべきものとされています。

① 非違行為の動機、態様および結果
② 故意または過失の度合い
③ 非違行為を行った職員の職責およびこれと非違行為との関係
④ 他の職員および社会に与える影響の程度
⑤ 過去における非違行為歴

また、適宜、対象となった職員の日頃の勤務態度や非違行為後の対応等も含め総合的に判断するものとしています。

(2) 最高裁の基本的立場

最高裁は、任命権者による地方公務員の懲戒処分が違法とされるか否かについて、従来から、以下のような考え方をとっています（最判平2・1・18民集44・1・1、判時1337・3。いわゆる伝習館事件判決）。また、下級審の裁判所（地裁・高裁）も、そのような判断枠組みを原則的に支持しています。

すなわち、「地方公務員につき地公法所定の懲戒事由がある場合に、懲戒処分を行うかどうか、懲戒処分を行うときにいかなる処分を選ぶかは、平素から庁内の事情に通暁し、職員の指揮監督の衝に当たる懲戒権者の裁量に任されているものというべきである。すなわち、懲戒権者は、懲戒事由に該当すると認められる行為の原因、動機、性質、態様、結果、影響等のほか、当該公務員の右行為の前後における態度、懲戒処分等の処分歴、選択する処分が他の公務員及び社会に与える影響等、諸般の事情を総合的に考慮して、懲戒処分をすべきかどうか、また、懲戒処分をする場合にいかなる処分を選択すべきかを、その裁量的判断によって決定することができるものと解すべきである。したがって、裁判所が右の処分の適否を審査するに当たっては、懲

Q 21　懲戒免職処分の取消訴訟

戒権者と同一の立場に立って懲戒処分をすべきであったかどうか又はいかなる処分を選択すべきであったかについて判断し、その結果と懲戒処分とを比較してその軽重を論ずべきものではなく、懲戒権者の裁量権の行使に基づく処分が社会観念上著しく妥当を欠き、裁量権の範囲を逸脱しこれを濫用したと認められる場合に限り、違法であると判断すべきものである」としています。

(3) 下級審判決の傾向
　(a) はじめに

公務員が飲酒運転をして検挙され、後日、任命権者から懲戒免職処分を受けたことに対し、当人がその取消しを求めて裁判を提起したところ、処分に裁量権の逸脱・濫用があったとして取消判決が出されたものと、裁量権の逸脱・濫用はなかったとして訴えが棄却されたものがあります。

結論に違いが生まれる理由としては、いろいろなことが考えられます。そこで、最近の若干の下級審判決を手掛かりにして考察します。

　(b) 佐賀地裁平成20年12月12日判決（最高裁ホームページ）
　(i) 事案の概要

事案は、おおむね次のようなものです。

「甲県立高校に勤務していた教員乙は、市内のホテルで開催された高校の運営委員会の反省会に出て飲酒し、その後、さらにスナックでも飲酒した後、一人で蕎麦を食べてからホテルの駐車場に戻り、そこに停めてあった車の中で30分ほど仮眠をとった。その後、乙は午前0時20分頃、車を運転して帰宅しようとしたが、市内の交差点でいったん停止した際、前方信号表示が青信号に変わったにもかかわらず発進しなかった。そのことが原因で、その場で暴力団員風の男に因縁を付けられたが、金員を支払ったので解放された。翌午前7時に交番から出頭要請があったので午前8時5分頃、交番においてアルコールの呼気検査を受けたところ、警察官は呼気1リットル中、0.07mgのアルコール濃度と判断した。

その後、甲県教育委員会は、乙に対し、地方公務員法29条1項1号・3号に基づき懲戒免職処分を行った。」

(ⅱ) 裁判所の判断

佐賀地裁は、甲県教育委員会が定めた「懲戒処分の指針」に「飲酒運転をした教職員は、免職とする。」と記載してあったとしても、ここでいう「飲酒運転」とは、少なくとも刑罰法規に触れるものを指すと限定解釈すべきであるとした上で、乙が車の運転を開始した午前0時20分には、酒気帯び運転に該当する呼気1リットル中0.15mg以上のアルコールを身体に保有した証拠はなく、懲戒免職処分には懲戒権の逸脱・濫用があるとして、処分の取消しを命じました。

(ⅲ) 評価

裁判所が、懲戒処分の指針でいう「飲酒運転」を限定的に解釈したこと自体は評価できますが、しかし、甲県教育委員会が提出した乙の運転開始時の血中アルコール濃度に関する私的鑑定書（血液1ミリリットル当たりアルコール濃度1.5～1.7mg）を信用できないとして排斥したことには疑問が残ります。なぜなら、飲酒時から相当の時間が経過した時点で、なお乙の呼気1リットル中に0.07mgのアルコールが検知されたことから、これを合理的に考えれば、車を運転した当時のアルコール濃度は、優に酒気帯び運転が成立するための値を超えていたと推測できるからです。

(c) 大阪高裁平成22年7月7日判決（労働判例2011.1.1－15No.1013）

(ⅰ) 事案の概要

事案は、おおむね次のようなものです。

「乙は、甲市の職員であるが、酒気帯び状態で車を運転し、たまたま道路上に駐車していた他車と接触事故を起こした。しかし、乙はその事実を所属長に報告しなかったとして、甲市長から懲戒免職処分を受けた。」

(ⅱ) 裁判所の判断

大阪高裁は、乙は本件事故を所属長に報告すべき義務を懈怠したと認定するとともに、乙が物損事故を起こした当時のアルコール濃度は、呼気1リットル中、0.75mgと非常に高く、車を運転するには極めて危険な状態にあり、しかも、車を運転しなければならない正当な理由もなかったとして、乙の非違行為は、「全体の奉仕者たるにふさわしくない非行」に当たると認め（地

Q 21　懲戒免職処分の取消訴訟

公29条1項3号)、甲市長の行った懲戒免職処分に裁量権の逸脱・濫用はなかったと判断しました。
　(iii)　**評価**
　この判決は、おおむね妥当なものとして評価できます。
　(d)　**高松高裁平成23年5月10日判決**（労働判例2011.10.1No.1029）
　(i)　**事案の概要**
　事案は、おおむね次のようなものです。
　「乙は、甲県の職員であるが、友人と飲酒しようと考え、車を運転して友人を迎えにゆき、T市役所駐車場に車を駐車した上で、午後6時頃から居酒屋で友人とともに飲酒を始め、生ビール3、4杯程度、焼酎の水割り4、5杯程度を飲み、2軒目のスナックに立ち寄った際には足下がふらつき、呂律も回らない状態であった。そのため、スナックではビールを一口飲んだ程度であり、スナックの主人から、タクシーを呼ぶか運転代行を呼ぶか問われたが、午後10時半頃、返答をすることなく店を出た。そして、駐車させていた車に乗ってから700メートルしか離れていない国道で、信号柱にぶつかるという物損事故を起こした。そして、駆け付けた警察官にも悪態をつくなどの行動も示し、結果として、80万円の罰金刑を受けた。これを受けて、甲県知事は、乙の行為は地方公務員法33条の信用失墜行為に当たるとして、同法29条1項1号・3号に基づいて懲戒免職処分を行った。」
　(ii)　**裁判所の判断**
　高松高裁は、本件事故後、現場に到着した警察官による飲酒検知の結果、乙の呼気1リットル中、0.7mgという高濃度のアルコールが検知されたこと、乙が最初の居酒屋を出た後、本件事故を起こした時点までの記憶が曖昧であることなどの事実から、運転開始時において、およそ正常な運転を期待すべくもない状態であったことを認定した上で、そのような状態であるにもかかわらず、運転中に携帯電話を操作しようとして本件事故が生じるきっかけを作ったというべきであり、極めて危険な行為であると判示しました。そして、警察官が駆け付けた際に、飲酒検知結果への署名指印を拒否するなど飲酒運転後の情状も芳しくなく、80万円という罰金刑を科されていることなどの事

情に照らすと、乙の行為は、公務員に対する信頼性を著しく失わせたものであるとして、懲戒免職処分に裁量権の逸脱・濫用は認められないとしました。

(iii) **評価**

この判決は、おおむね妥当なものとして評価できます。

(4) **本件事例について**

(a) **懲戒免職処分を相当とする事実**

本問で、懲戒免職処分を支持する根拠事実としては、物損事故を起こしたこと（しかも、一時停止中の他車に一方的に衝突していること。）、酒気帯び状態で車を運転したことおよび30万円の罰金刑を受けていること、の３点があげられます。

(b) **懲戒免職処分を不当とする事実**

これに対し、懲戒処分を重すぎるとみるべき根拠事実としては、具合の悪くなった同居の祖母を病院に送ろうとしたこと、物損事故の示談が成立していること、の２点があげられます。

しかし、乙は、自分が車を運転しなくても救急車を手配することによって祖母を病院に搬送することができたはずです。また、物損事故の場合、特に重大で複雑な事情がある事案の場合を除き、自動車保険に加入していれば示談で比較的簡単に解決することが可能です。したがって、これらの事情を過度に重視することはできません。

(c) **結論**

以上のことから、乙が、懲戒免職処分の取消しを求めて裁判を起こしても、必ず処分が取り消されるという見通しは立ちにくいといえます。

第 2 部

損害賠償の内容と算定方法

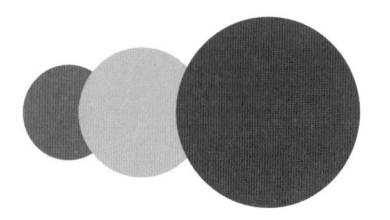

第2部

古民家再生と手法

1 積極損害

Q22 治療費など

設問 交通事故による傷病の治療を受ける場合、どのような点に気をつけなければなりませんか？

A 医療機関で怪我の治療を受ける場合、主に、次のような点が問題となります。①治療費、②将来治療費、③付添看護費、④介護費、⑤入院雑費、⑥交通費の6点です。

> 解説

(1) 事故後に生ずる法律関係

(a) 事故被害者と医療機関との関係

ある日突然、交通事故の被害者となった場合、同人としては、医療機関に行って怪我の治療を受ける必要が生じます。その場合、事故被害者と医療機関との間で**診療契約**が締結されることになります（なお、診療契約の性格は、民法656条の**準委任契約**と解する立場が有力です。）。

診療契約は、双務契約つまり契約当事者双方が、お互いに対価的債務を相手方に対して負担する契約です。患者である事故被害者は、医療機関に対し医療費を支払う義務が生じます（医療機関に対し医療費を支払う法的義務を負うのは、事故加害者ではなく、患者である事故被害者です。）。一方、医療機関は、患者に対し診療義務を負うことになります。

(b) 保険の利用

ここで、事故被害者が最初に直面する問題は、怪我を治療するための治療

Q 22 治療費など

費を誰が負担してくれるのか、ということです。
　(i)　**任意保険がある場合**
　この場合、事故を起こした加害者が契約している任意保険会社（自動車保険会社）があれば、患者の自己負担分（窓口負担分）を立て替え払いしてくれると考えられます（任意保険会社は、医療機関との合意に基づき、医療機関から請求を受けた治療費について、医療機関に対し直接支払います。これが、いわゆる**一括払い**といわれるものです。対人賠償保険。Q45参照）。
　(ii)　**任意保険がない場合**
　加害者が、任意保険会社と自動車保険契約を締結していない場合は、自賠責保険しか補償手段がありません。
　その場合、第1に、医療機関が、**自由診療**を行う過程で、事故被害者（患者）から医療費に関する請求受領の委任を受け、自賠責保険に対し被害者請求を行うという方法が多くみられます（いわゆる**医療費の代理請求**）。
　第2に、被害者が、自分の健康保険を使って医療機関で治療を受け（その際、健康保険組合に対し、「第三者行為傷病届」を出しておきます。Q23参照）、その窓口で患者負担分の治療費を支払った上で領収書を貰い、後日、それを自賠責保険に提出して、自分が立て替え払いした治療費を回収するという方法もあります（被害者請求。Q43参照）。
　第3に、加害者が被害者の治療費を立て替え払いした後、領収書を添えて自分の自賠責保険に請求し、治療費を回収するという方法もあります（加害者請求。Q43参照）。
(2)　**治療費**
　(a)　**基本**
　被害者が事故によって怪我をした場合、その怪我を治すために支出した**治療費**（医薬品代、手術代など）や**入院費**は、必要かつ相当な範囲で、実費全額が損害と認められます（ここで、「損害として認められる」とは、裁判で争われた場合に、裁判所が、加害者に対し、支払義務がある正当な治療費としてその支払いを命ずるという意味です。）。なお、治療費が損害として認められるのは、原則として症状固定時までの分です。

(b) **例外**

これに対し、いわゆる**過剰診療**（診療行為の必要性・相当性が否定される場合）や**高額診療**（診療報酬額が通常の水準よりも著しく高額の場合）の場合は、損害としては認められないことがあります。

(c) **接骨院等の治療費**

接骨院、整体、マッサージ等における治療費について、これが正当な治療費として認められるためには、原則的に主治医の指示が必要となります（医師の指示がない場合は、損害として認められることは困難です。）。

また、被害者が、損保会社の事故担当者の事前の承認を得て、接骨院や整体に通院していたとしても、後日、裁判になってから、加害者側の弁護士（実体は、損保会社から指名を受けて加害者の代理人に就任した弁護士です。）から、損害として認めることは困難である旨の対応を受けることが、かなりの確率で起こります。

したがって、被害者としては、損保会社の担当者の言葉による了解だけで安心するのではなく、主治医に対し、診断書やカルテに「必要な治療行為として認められる。」旨の記載をしてもらう必要があります。

(d) **治療の有効性**

事故被害者が医療機関において受ける治療については、必ずしも治療上効果が明らかに認められるものばかりとはいえず、結果的に無効とされることもあり得ます。しかし、そのような場合であっても、事故と治療行為との間の因果関係が直ちに否定されるわけではありません。

医療機関の責任と判断において、当該治療を必要と考えて行っており、その費用を患者である被害者が負担している以上、結果的に無効とされても安易にこれを減額することはできないとする考え方が有力といえます（福岡高判平19・2・13交民40・1・1）。

(e) **二次的被害者**

事故被害者とは、事故によって直接傷病を負った者を指すのが普通ですが、例外的に、事故による直接の被害者でなくても、事故によって二次的被害が生じたと認められる者が含まれる場合もあります（二次的被害者・間接被害

Q 22　治療費など

者)。

【判例】
①　事故で長女を亡くした母親が、強い精神的ショックを受け心療内科を受診した際の治療費および通院費用を事故による損害と認めた事例（東京地判平19・12・17交民40・6・1619)。
②　整体等の東洋医学に基づく施術費を事故による損害として請求できるためには、原則として、施術を受けることについて医師の指示が必要であるとして、本件ではその証拠がないため損害とは認められないとした事例（東京地裁八王子支部平20・7・18交民41・4・926)。
③　事故によって低髄液圧症候群が発症したとは認められないとしても、A病院における治療費を同症候群の治療費として加害者側の保険会社が支出しており、また、A病院の行った治療法が奏功しなかったことから、同症候群の発生が否定され、ひいては事故と相当因果関係のある後遺障害の内容が限定されたとしても、加害者側が支払った全額が事故と相当因果関係のある治療費と認めた事例（神戸地判平20・8・26交民41・4・1044)。
④　医師の指示がない柔道整復師による施術費（治療費）を損害として請求できるためには、(i)施術の必要性があること、(ii)施術に有効性があること、(iii)施術内容が合理的であること、(iv)施術期間が相当であること、(v)施術費が相当であることの各要件を満たす必要があるとした上で、事故日から25日間の通院の施術費についてのみ、事故と相当因果関係のある損害と認めた事例（東京地判平21・6・17交民42・3・727)。
⑤　医師の指示のない柔道整復師による施術費（治療費）について、労災算定基準の上限額を超えることはできないとした事例（大阪高判平22・4・27交民43・6・1689)。
⑥　当初3か月の加療予定であった被害者にMRSAが発症して入通院が長期化したとしても、MRSAの感染源は創部であること、MRSAは常在菌であって汚染損傷の場合には感染の危険が十分にあることなどの理由から、治療の長期化についても事故と相当因果関係の範囲内にある

と認めた事例（京都地判平23・1・21交民44・1・64）。

⑦　過剰診療を行っている医療機関に対し、任意保険会社が治療費を一括払いしたことがあったとしても、それは任意保険会社が被害者に代わって医療機関に対し治療費を立て替え払いしたものにすぎず、任意保険会社が、交通事故を原因として生じる損害賠償金額相当額を超える治療費を支払ったときは、その超過分は不当利得として医療機関に対し返還請求できると判断するとともに、医療機関の定める自由診療の報酬単価1点20円ないし25円の相当性を否定し、健康保険法に基づく1点10円を相当とした事例（東京地判平23・5・31交民44・3・716）。

(3) 将来治療費

(a) 症状固定

一般に**症状固定**とは、事故の被害者について、治療をこれ以上継続しても症状の改善が期待できない状態に至ったことをいいます。症状固定の時期は、治療を担当した医師が行います。ただし、医師が、患者である被害者の意向を全く確認することなく、その一方的判断で行うことは妥当とはいえませんから、患者の意向も踏まえて合理的に行われる必要があります。

(b) 症状固定後の治療費

前記のとおり、**症状固定後の治療費**は、原則的に、損害である治療費には該当しません。したがって、仮に被害者が、症状固定後に治療費を支出したことがあっても、その費用は被害者の自己負担となります。

ただし、そのような原則を、すべての事案について例外なく適用しますと、不合理な事態が生じることがあります。例えば、症状が固定したと認められる場合であっても、症状の増悪を防止するための費用、将来の必要な手術のための費用などは、やはり損害として認められるべきであると考えられます。

【判例】

①　全介助の状態にある被害者について、症状固定後も同人の症状悪化を防ぐため、または在宅介護へと移行する準備として入院治療が必要であったとして、症状固定後の治療費468万円余りを認めた事例（さいたま地判平21・2・25交民42・1・218）。

Q 22　治療費など

② 障害等級9級10号の被害者について、症状固定後の治療費386万円余りおよび将来の治療費（診察およびリハビリ代）として382万円余りを認めた事例（大阪地判平21・8・25交民42・4・1051）。

③ 障害等級併合9級の被害者について、症状固定後の治療費として年間治療費30万円を5年間認めた事例（京都地判平22・11・25交民43・6・1527）。

④ 障害等級1級の被害者について、口頭弁論終結時までの治療費については現実の支出額を、また、口頭弁論終結後の将来治療費については社会保険からの給付を含めた治療費の全額が賠償の対象となるとした上で、口頭弁論終結時77歳の被害者について、月額50万円を13年間分認めた事例（大阪地判平23・4・25交民44・2・556）。

(4)　**付添看護費**
　(a)　**付添看護費とは**
　付添看護費が認められるのは、被害者が入院している場合（入院付添費）、同じく通院している場合（通院付添費）、および自宅で療養している場合（自宅付添費）においてです。

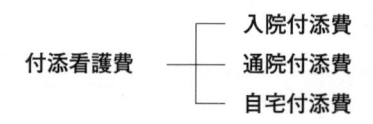

```
                  ┌─ 入院付添費
    付添看護費 ───┼─ 通院付添費
                  └─ 自宅付添費
```

　付添看護費が、交通事故による損害と認められるためには、付添の必要性がなければなりません。必要性の有無については、被害者の受傷の部位・程度、被害者の年齢などを考慮して判断します。
　例えば、幼児が被害者となったような場合は、親が子に付き添うことが相当と考えられます。また、被害者の傷病が重傷であって、身の回りの世話をする人が必要と考えられる場合も、同様に付添の必要性が肯定されます。
　(b)　**付添の種類**
　上記のとおり、付添看護には、入院付添、通院付添および自宅付添の3種

第1に、**入院付添費**については、付添人が職業付添人の場合は原則として全額が、また、近親者付添人の場合は1日当たり5,500円〜7,000円が認められます（日弁連交通事故相談センター・交通事故損害額算定基準　平成24年2月・23訂版12頁。以下「青い本」といいます。）。なお、付添人が病院まで赴く際の交通費は、付添費に含まれていると考えられます。

第2に、**通院付添費**については、1日当たり3,000円〜4,000円が認められます（同頁）。したがって、患者甲について、家族乙が付き添って丙病院へ通院した場合、患者甲について交通費が（本問(7)参照）、家族乙について近親者通院付添費が、それぞれ認められることになります。

【判例】

①　高次脳機能障害による後遺障害等級2級の被害者について、日常生活動作等について一部ないし全部の介助または看視を必要としたことから、病院の看護体制にかかわらず付添介護の必要性があるとした上で、症状固定日までの332日について、日額6,500円を認めた事例（東京地判平23・1・20交民44・1・32）。

②　事故で死亡した被害者について、同人が生前入院していた病院では痰の吸引、褥瘡防止のための体位変換等の看護については、必要な限度で看護師が行う体制がとられていたことから、医学的観点から近親者による付添看護が必要不可欠であったことを示す証拠はないとしつつ、家族がマッサージを行うことで関節拘縮防止の効果があったこと、家族の付添が被害者の精神面にもよい影響を与えたことなどの理由から、近親者の付添看護費として、実際に付添いをした家族の数を問うことなく、交通費を含め、付添日数619日全部について、日額6,000円、合計で371万4,000円を認めた事例（大阪地判平23・7・25交民44・4・987）。

③　事故で死亡した被害者について、同人が生前入院していた期間174日のすべてに家族が付き添っていたことが認められ、また、被害者の傷害の内容・程度からすると、近親者による声かけを含む付添看護の必要性があるとして、日額6,500円を174日分認めた事例（東京地判平23・

Q 22　治療費など

8・9交民44・4・1036)。

(5) 介護費

　介護費とは、重い後遺障害を負った被害者について、症状固定後の将来について必要となる付添看護費をいいます**(将来介護費)**。介護費については、原則として、平均余命までの全期間について認められます (ただし、ライプニッツ係数を用いて中間利息を控除します。)。

　介護を要する期間について、しばしば加害者側から、重い後遺障害を負った者が平均余命期間すべてについて生きる蓋然性は低いなどとする医学的意見書が出されることがあります (これは、平均余命期間を短縮させることによって損害賠償額を少しでも減らすことを目的としたものです。)。しかし、そのような意見書を参考にして、現に争われている被害者について具体的な余命期間を算定することは極めて難しいといえます。したがって、原則として、平均余命までの全期間にわたって介護費を認めることが妥当であると解されます (名古屋地判平23・2・18交民44・1・230)。

　ここで、重い後遺障害といいましたが、これは自賠責保険の後遺障害等級・労働能力喪失率表でいえば、1級**(常時介護)**または2級**(随時介護)**に当たる被害者を原則的に指します。しかし、これらの障害等級の認定を受けていることは、必ずしも介護費が認められるための必要条件ではありません。それ以下の障害等級が付いた場合であっても、事案によっては介護費が認められることがあります**(随時介護費)**。

　介護費は、将来実際に支出されると見込まれる費用額が、損害として認められます。近親者が付添いを行う場合、**常時介護費**としては、1日当たり8,000円～9,000円が認められます (青い本18頁)。

　【判例】

　① 高次脳機能障害、嚥下障害、四肢運動障害等の後遺障害 (ただし、障害等級は不明) を負った被害者 (事故当時6歳) について、母親、友人、教師による手伝いを受けながら学校生活を送っており、日常生活動作は監視が必要なものの常時介助が必要な状態とはいえないなどとして、近親者による介護費用として、日額7,000円を平均余命71年間について認

第 2 部　損害賠償の内容と算定方法　　1　積極損害

めた事例（名古屋地判平21・3・10交民42・2・371）。
②　遷延性意識障害の状態にある障害等級 1 級の被害者（症状固定時68歳）について、生活の基本はベッド上になるとした上で、在宅介護に必要な職業介護人の介護費として日額25,000円を、現在入院中の介護センターを退院した後の平均余命期間について認めた事例（東京地判平22・3・26交民43・2・455）。
③　右目を失明したことによって労働能力を28パーセント喪失した被害者（症状固定時73歳）について、常時介護を要する状態ではなく、看護の内容としては軽度であることを考慮し、介護費として日額1,500円を平均余命期間認めた事例（岡山地判平22・3・30交民43・2・497）。
④　高次脳機能障害による障害等級 2 級の被害者（症状固定時27歳）について、自己コントロール力の欠落、対人関係調節能力の低下ないし欠落および短期記憶障害が生じていることから、同人が日常生活を送るためには一定の場面において家族などによる看視・声かけを必要とするとして、介護費として日額6,000円を平均余命期間認めた事例（大阪地判平22・5・25交民43・3・665）。
⑤　障害等級 1 級の被害者（症状固定時32歳）について、同人の母親が67歳に至るまでの介護可能期間については近親者介護費として日額8,000円を、その後、被害者の余命期間36年間については職業介護費として日額15,000円を認めた事例（さいたま地判平22・9・27交民43・5・1232）。
⑥　高次脳機能障害による障害等級 2 級および左肘関節可動域制限等の障害（障害等級各10級）の被害者（症状固定時40歳）について、その介護としては生活のあらゆることについて全面的に介助が必要というわけではないが、記憶障害、見当識障害、自発性の乏しさなどの影響が生活全般に及ぶため、多くの場合、看視、声かけを必要とするなどの理由から、症状固定時から平均余命までの40年間について、介護費として日額15,000円を認めた事例（東京地判平23・1・20交民44・1・32）。
⑦　障害等級 1 級の被害者（症状固定時49歳）について、成年後見人が

Q 22 治療費など

67歳になるまでの4年間については同人による介護が可能であり、その後の21年間については職業付添人による介護が必要となるとした上で、成年後見人による介護については日額8,000円を、また、職業付添人による介護については日額15,000円をそれぞれ認めた事例（大阪地判平23・1・27交民44・1・123）。

⑧　障害等級1級の被害者（症状固定時21歳）について、同人の母親が67歳に至るまでの期間については1年間のうち300日については日中の職業介護費および夜間の近親者介護費として日額25,000円を、また、同じく65日については日額10,000円を認め、次に、母親が67歳に至った以降の被害者の余命期間37年間については職業介護費として日額25,000円を認めた事例（名古屋地判平23・2・18交民44・1・230）。

(6)　入院雑費

入院雑費とは、被害者が医療機関に入院中、日常的に支出を余儀なくされる日用品費、栄養補給費、通信費、娯楽費、新聞代などを指します。

入院雑費については、それが損害として認められるためには、領収書などを特に要しません。通常、1日当たり1,400円～1,600円が認められます（青い本27頁）。

(7)　**交通費**

(a)　公共交通機関を利用した場合

被害者本人が、傷病を治療するために医療機関に入院、通院、転院等をした際に支出した費用を、交通費といいます。交通費は、原則として**公共交通機関**を利用した際に必要となる金額の範囲で認められます。

例えば、患者甲が、乙病院に通院する際に、バスを利用して行けば片道200円かかるが、タクシーを利用すれば片道1,000円かかるとした場合、損害として認められる交通費は、バス代200円（往復で400円）です。

ただし、被害者甲の傷病が重傷であって、車椅子や松葉杖を用いないと移動が困難な場合には、例外的にタクシー料金片道1,000円（往復2,000円）が交通費として認められます。

(b)　自家用車を利用した場合

被害者が、自分で自家用車を運転して通院した場合、実費相当額（ガソリン代、病院駐車場代、高速道路料金等）が交通費として認められます。

家族が、被害者を自家用車に同乗させて病院まで送った場合は、家族について近親者通院付添費が認められます（本問(4)参照）。

(c) **付添人以外の者が支出した交通費**

被害者が入院中、友人等が被害者を見舞った際に友人等が支出した交通費は、事故と相当因果関係に立つ損害と認めることは困難です。したがって、友人等が支出した交通費を、損害として加害者に対して請求することはできないと解されます（大阪地判平23・7・20交民44・4・945）。

ただし、死亡した被害者の子が、被害者である親の葬儀、一周忌および三回忌にそれぞれ出席するために米国から帰国した際に生じた費用のうち、葬儀に参列するための帰国費用80万円のみを損害として認めた判例があります（東京地判平21・11・18交民42・6・1535）。

Q23 健康保険と労災保険

設問 交通事故で怪我をした場合であっても、自分の健康保険を利用して治療を受けることができると聞きました。そこで、**交通事故と健康保険および労災保険**の関係について教えてください。

A 交通事故の怪我の治療に健康保険を使うことはできます。また、事故が業務災害・通勤災害に当たれば、労災保険を使うことも可能です。

解説

(1) 健康保険

 (a) 健康保険の利用

　交通事故の被害者となった者は、**健康保険**（保険者は健康保険組合です。）、**国民健康保険**（保険者は地方自治体です。）などの**社会保険**を利用して、事故による傷病の治療を受けることが可能です。健康保険を利用するメリットは、治療費の自己負担額の軽減を図ることができる点にあります。

　例えば、被害者甲の怪我を治療するため、乙病院で治療費として総額100万円を要したとします。その場合、被害者甲は、乙病院の窓口で、自己負担分の3割に相当する30万円を支払うだけで済みます。

　これに対し、**自由診療**を選択しますと、100万円（なお、自由診療の場合、診療報酬単価が健康保険よりも高く設定されているため、治療費が、健康保険を利用した場合と比べてかなり割高になる可能性があります。）を自分で全部負担する必要があります（被害者は、後で自賠責保険に対し、支出済みの治療費について被害者請求をすることによって、これを回収することができます。しかし、自賠責保険の傷害分の保険金額は120万円が上限額ですから、超過分は、被害者本人がとりあえず負担することになります。）。

 (b) 第三者行為傷病届の提出

被害者が、健康保険（国民健康保険等）を利用して怪我の治療を受けようとする場合、保険者（健康保険を運営している健康保険組合、国民健康保険を運営している市町村等を指します。）に対し、**第三者行為傷病届**を提出する必要があります。

(c) **具体例**

例えば、「被害者甲は、道路を横断中に乙の運転する自動車にはねられ、丙病院で治療を受けたところ全治したが、治療費が全部で200万円かかった。その際、被害者甲は、丁市の国民健康保険を使って治療を受けた。なお、甲と乙の過失割合は、30対70である。」とします。

この事例の場合、被害者甲は、丙病院で自己負担分として200万円の3割に相当する60万円を支払う必要があります（**窓口負担分**60万円）。そして、被害者甲が国民健康保険を使って治療を受けたことから、丁市は140万円を丙病院に支払います。丁市は、被害者甲に代わって治療費140万円を支払ったのですから、甲の乙に対する損害賠償請求権を代位取得するに至ります（国保64条1項「その給付の価額の限度において、被保険者が第三者に対して有する損害賠償の請求権を取得する」）。丁市が代位取得した権利を行使する相手方は、加害者乙が入っていた自賠責保険会社となります（いわゆる**国保求償分**）。

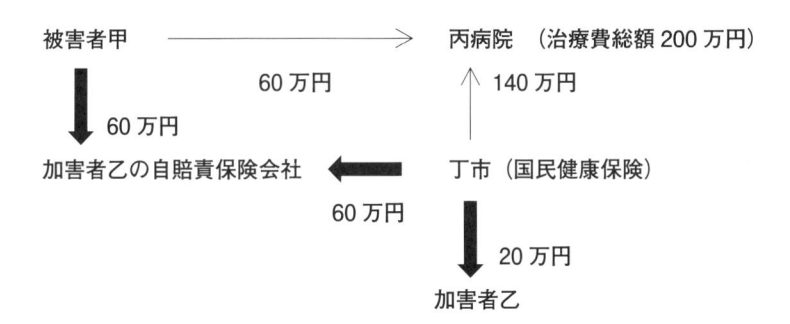

```
被害者甲  ─────────────→  丙病院 （治療費総額 200 万円）
  │            60 万円         ↑
  │ 60 万円                    │ 140 万円
  ↓                            │
加害者乙の自賠責保険会社 ←───  丁市 （国民健康保険）
              60 万円          │
                               ↓ 20 万円
                             加害者乙
```

次に、被害者甲は、加害者乙の自賠責保険会社に対し、自賠法16条1項に基づいて60万円の被害者請求権（直接請求権）を行使することができます。他方、上記のとおり、丁市も同様に乙の自賠責保険会社に対し、代位取得した140万円の債権について直接請求することができるはずです。このように、

Q 23　健康保険と労災保険

双方の直接請求権が競合する事態が生じた場合、いずれの直接請求権が他方に優先するのか、という問題が発生します。最高裁判例は、被害者の直接請求権と、旧老人保健法によって市町村が取得した直接請求権が競合した事例について、これらの直接請求権の合計額が自賠責保険金額を超えるときであっても、被害者は、市町村に優先して自賠責保険会社から自賠責保険金額の限度において自賠法16条1項に基づき損害賠償額の支払いを受けることができる、としました（最判平20・2・19民集62・2・534）。

以上のことから、被害者甲は、加害者乙の自賠責保険会社に対し60万円請求することができます。すると、乙の自賠責保険の残りは、60万円となります（自賠責保険傷害分120万円−60万円＝60万円）。

そこで、丁市は、乙の自賠責保険に60万円の限度で求償することができますが、その結果、丁市の未回収分は80万円となります（140万円−60万円＝80万円）。

ところで、乙の過失割合は7割ですから、同人が負担すべき甲の治療費の上限額は140万円です（200万円×0.7＝140万円）。上記の段階で、乙側負担分として、既に120万円が支払われていますので（60万円＋60万円＝120万円）、乙個人として負担すべき金額は、20万円です。したがって、丁市は、乙個人に対し20万円を限度として求償することができると解されます。

(2)　労災保険

交通事故（人身事故）が発生し、それが業務上災害または通勤災害と認められますと、労働者災害補償保険（以下「労災保険」といいます。）の適用となります**（労災事故）**。この場合、被災労働者は、労働基準監督署長あてに**第三者行為災害届**を提出する必要があります。その結果、被災労働者の治療費は、労災保険で全額補償されます。

ところで、労災事故であっても、なお自賠責保険の適用が認められます。この場合、原則として、自賠責保険を先に使うものとする旨の国の通達もありますが（昭和41年12月16日基発第1305号）、選択権は被災労働者にありますから、諸々の事情を考慮の上で、自分にとって一番有利と思われる手段を選択すれば足りると考えます。

Q24 家屋改造費、備品購入費、弁護士費用など

設問 交通事故で大きな怪我をしました。そのため重い後遺症が残ってしまい、日常生活に大変支障を来しています。このような場合に、家屋を改造する費用を加害者に請求することは可能ですか？ その他、問題となる損害項目についても教えてください。

A 家屋の改造費については、必要性が認められる限度で、損害賠償の対象となります。その他、備品購入費、子供の学習費、葬祭費、弁護士費用などが問題となります。

解説

(1) 家屋改造費

家屋改造費とは、怪我の治療が終わった被害者について、重い後遺障害が残った場合に、普通の日常生活を送るために家屋（玄関、トイレ、風呂場、階段、廊下、寝室等）を改造する費用を指します。

例えば、事故によって、被害者に下半身麻痺の後遺障害が残った場合、被害者のみでトイレを使用することは、通常困難といえます。その場合、トイレの使用を容易にするため、トイレを身障者用に改造する必要性が生じます。

家屋改造費が認められるかどうかは、改造の必要性および改造の相当性が認められることが必要です。判例の傾向をみると、改造費を認めた場合であっても、全額を認める場合と、そのうちの一部の金額を認める場合があります。

【判例】
① 障害等級1級の被害者（症状固定時25歳）について、自宅改造費として、1,088万円余りを認めた事例（東京地判平22・2・12交民43・1・165）。

Q 24　家屋改造費、備品購入費、弁護士費用など

② 障害等級1級の被害者(症状固定時32歳)について、両親が同人を自宅介護するための自宅改造費として、見積額3,365万円を主張したのに対し、家族が得られる利便性を考慮して1,000万円の限度で認めた事例(さいたま地判平22・9・27交民43・5・1232)

③ 障害等級1級の被害者(症状固定時27歳)について、同人を自宅で介護するためには自宅改造が必要であるとした上で、同人の見積額1,162万円に対し、家族も一定の利便を受けることを考慮して、その8割に相当する930万円余りを認めた事例(名古屋地判平22・12・7交民43・6・1608)。

(2) 備品購入費

備品購入費とは、事故被害者に必要と考えられる義足、松葉杖、車椅子、電動車椅子、ベッド、電動ベッド、義歯、パソコン等を購入する費用をいいます。これらの備品の多くは、消耗品に該当しますので、耐用年数を経過するごとに将来の**買替え費用**も認められます。

例えば、将来的に被害者が使用する電動車椅子(時価30万円)の費用として、今後18年間にわたって、5年ごとに買い替える必要があるとされた場合、その買替え費用の計算式は、次のとおりです(ここでは、現在使用分も含めてあります。)。なお、年5パーセントのライプニッツ現価は、5年目が0.784、10年目が0.614、15年目が0.481です(資料参照)。

300,000円 ×(1 + 0.784 + 0.614 + 0.481)= 863,700円

【判例】

① 障害等級1級の被害者(症状固定時24歳)について、将来の介護用品代として、1,103万円余りを認めた事例(大阪地判平22・3・15交民43・2・346)

② 障害等級1級の被害者(症状固定時19歳)について、介護ベッドの耐用年数を8年と認めた上で、同人の平均余命60年の間に7回の買替えを要するとして82万円余りを認めた事例(東京地判平22・9・30交民43・5・1265)

③ 障害等級1級の被害者(症状固定時46歳)について、同人の移動の

ためには車椅子が必要であり、その使用頻度は多いとした上で、5年ごとの買替えの必要性を肯定して、屋内用および屋外用の車椅子代130万円余りを認めた事例（東京地判平22・10・27交民43・5・1336）

(3) **子供の学習費**

子供が事故の治療のために学校を休んだ場合に、その間の授業料が無駄となり、さらに二重払いを余儀なくされることがあります。このような場合に、被害者は、加害者に対し**学習費**（授業料）を損害として請求することが認められます。

(4) **葬祭費**

事故の被害者が死亡した場合、遺族は、加害者に対して葬祭費を請求することができます。葬祭費については、実際にかかった費用を全部請求することができるというわけではなく、実務上は、原則として、130万円～170万円を上限として認められています（青い本34頁）。

なお、仏壇購入費や墓碑建立費は、原則的に請求することはできません。

【判例】

① 事故当時63歳の無職女性について、支出した葬儀費用167万円余りのうち、150万円を事故と因果関係のある損害と認めた事例（名古屋地判平22・5・21交民43・3・657）

② 事故当時6歳の小学生について、支出した葬儀費402万円余りのうち、210万円を相当因果関係のある損害と認めた事例（名古屋地判平22・6・10交民43・3・767）

③ 事故当時19歳のアルバイトについて、支出した葬儀費249万円余りのうち、150万円を損害と認めた事例（名古屋地判平23・3・25交民44・2・433）

(5) **弁護士費用**

(a) **弁護士費用の取扱い**

被害者が、加害者に対し事故による損害賠償を請求する場合、自分ひとりでこれを行うこともできますが、弁護士に事件処理を委任して行うこともできます。

Q 24　家屋改造費、備品購入費、弁護士費用など

　弁護士に委任して、加害者に対して損害賠償を請求する場合、示談や調停を利用して合意による円満解決を目指す場合と、訴訟を提起して判決で解決することを目指す場合に分かれます（Q53参照）。

　事故被害者が、弁護士に委任して訴訟で事件の解決を図った場合に限り、相当額の**弁護士費用**が損害として認められます（Q54参照）。つまり、相当の弁護士費用を加害者に請求することができます。

　この点について、最高裁は、「事案の難易、請求額、認容された額その他諸般の事情を斟酌して相当と認められる額の範囲内のものに限り、右不法行為と相当因果関係に立つ損害というべきである」と判示しました（最判昭44・2・27民集23・2・441）。つまり、被害者が加害者に対して裁判を起こし、その結果、判決で損害賠償額が決定された場合に、被害者が自分で委任した弁護士費用についても、相当額分を加害者に負担させることができるということです（Q54参照）。

(b)　**弁護士費用として認容される具体的金額**

　ただし、現実に依頼者が弁護士に支払った弁護士費用がそのまま認められるわけではありません。現在では、認容された損害賠償額のおおむね1割程度が弁護士費用として認められています（青い本49頁）。

　例えば、裁判所が認めた損害賠償額が3,000万円だったとした場合、弁護士費用として認められる金額は、原則的に300万円から280万円程度となります（ただし、地方裁判所の中には、例えば名古屋地裁のように、これよりも相当低い割合の弁護士費用しか認めないところがあります。）。

　なお、任意保険で**弁護士費用特約保険**に加入していたとしても（Q53参照）、弁護士費用を損害として請求することができます（大阪地判平21・3・24交民42・2・418）。

【判例】

①　被害者の弁護士費用が、被害者の加入する任意保険の弁護士費用特約保険金によって賄われていたとしても、この保険金は、被害者（保険契約者）が払い込んだ対価であり、また、保険金支払義務と損害賠償義務とは、その発生原因ないし根拠において無関係と解されるとして、加

害者に対し被害者弁護士費用の支払いを命じた事例（大阪地判平21・3・24交民42・2・418）
② 事故と相当因果関係のある弁護士費用として、事案の経過、難易、認容額その他諸般の事情を考慮して、認容額の10パーセント程度の50万円と認めた事例（大阪地判平22・7・21交民43・4・899）
③ 損害額1,843万円余りに対し、弁護士費用として、180万円を認めた事例（東京高判平22・9・9交民43・5・1109）
④ 損害額4,100万円余りに対し、弁護士費用として、410万円を認めた事例（さいたま地判平22・9・24交民43・5・1212）
⑤ 損害額1億5,602万円余りに対し、弁護士費用として、1,560万円を認めた事例（東京地判平22・9・30交民43・5・1265）
⑥ 損害額2,946万円余りに対し、弁護士費用として、110万円を認めた事例（名古屋地判平22・11・15交民43・6・1436）
⑦ 損害額1億6,875万円余りに対し、弁護士費用として、900万円を認めた事例（名古屋地判平22・12・7交民43・6・1608）
⑧ 損害額1億3,346万円余りに対し、弁護士費用として、1,340万円を認めた事例（東京地判平23・1・20交民44・1・32）
⑨ 自賠責共済の被害者請求の制度は、被害者の救済のために認められた制度であるから、弁護士費用の算定に当たり、被害者請求が行われなかった場合に、受領可能額を差し引く必要はないとした事例（大阪地判平23・3・11交民44・2・335）
⑩ 損害額の約10パーセントに相当する400万円の弁護士費用を認めた事例（大阪地判平23・7・13交民44・4・908）
⑪ 損害合計額1,256万円余りに対し、弁護士費用として、100万円を認めた事例（名古屋地判平23・7・15交民44・4・932）

2 休業損害

Q25 給与所得者の休業損害

設問 私は交通事故で怪我を負い、1か月間仕事を休みました。休業損害を加害者に請求することはできるでしょうか？

A 事故で仕事を休んだ結果、収入が減少した場合に、休業損害として加害者に対し損害賠償請求をすることが可能です。

解説

(1) **休業損害とは**

休業損害とは、事故の被害者が、事故による傷病の治療のために仕事を休むことを余儀なくされ、その結果、現実に収入が減少した場合に発生する損害です。例えば、会社員が事故による治療を受けるために仕事を休み、そのために給与10万円を減額された場合は、その10万円が休業損害となります。

したがって、事故当時、現実の収入がない者については、休業損害は発生しません。例えば、高校生が事故で長期間入院しても、通常は、事故前に同人に収入はありませんから、休業損害は生じません。

ただし、収入がなくとも、主婦または求職中の者のような場合は、例外的取扱いが認められます（Q27・Q28参照）。

(2) **休業損害の計算**

休業損害の計算は、次のように行います。

　　1日当たりの基礎収入額 × 休業期間 ＝ 休業損害

(3) 給与所得者の休業損害
(a) 基礎収入額

給与所得者の場合、**基礎収入日額**は、被害者が勤務する会社から、**休業損害証明書**を出してもらい、その金額を基に計算をします。具体的には、事故前3か月間に被害者が受け取った給与（本給のほか、付加給も含まれますから、残業手当、住宅手当等も加算します。）の合計額を、事故前3か月間の日数（90日）で割って出します。その際、税金や社会保険料は控除しません（いわゆる税込額で計算します。）。**(注)**

例えば、事故が8月に発生したとします。この場合、事故前3か月とは、「5月、6月、7月」をいいます。そして、5月から7月までの給与の合計額が、例えば100万円だったとします。その場合、基礎収入日額は、100万円÷90日＝1万1,111円となります。

> **(注)** 会社（雇用主）発行の休業損害証明書の内容に疑問がある場合には、加害者側から、さらに源泉徴収票や公的な所得証明書の提出を求められることがある。例えば、休業したアルバイトの従業員に対し、通常はあり得ないような高額の休業損害証明書が提出されたような場合がこれに当たる。

(b) 年次有給休暇

年次有給休暇を取得した日数は、休業日として計算します。

(c) 賞与の減額

事故で会社を休んだことによって賞与が減額された場合、会社が作成した**賞与減額証明書**によって、賞与減額分に相当する損害を受けたことを証明することができます。

(d) 事故による受傷が原因の解雇

事故による受傷が原因となって、今まで勤めていた会社を解雇され、または会社を自主退職した場合に、果たして休業損害を請求することができるか、という問題があります。

被害者が会社を解雇された場合、解雇時以降は、会社から給与を受け取ることはできません。この場合、被害者としては、一時的に収入が途絶えてしまう状態になります。したがって、被害者が生活できるようにするため、一

Q 25　給与所得者の休業損害

定の補償を行う必要があります。失業手当の受給などの公的補償とは別に、被害者は、加害者に対し、実際に稼働できなかった期間について、休業損害を請求することができると解されます。

この点について、青い本は、「無職状態となった以降も、現実に稼働困難な期間が休業期間とされる。また、稼働可能となっていても就職先が得られなかった場合には、現実に就職先を得られたときまでの期間か転職先を得るまでの相当期間のいずれか短期の期間につき損害算定をする」という見解を示しています（青い本57頁）。

【判例】
① 有給休暇4日分の休業損害を認めた事例（京都地判平21・6・24交民42・3・835）
② 事故による傷病治療のための有給休暇の取得を、休業損害と認めた事例（大阪地判平22・10・26交民43・5・1324）

(4) **休業期間**

事故の被害者が医療機関に入通院した場合、休業期間として、いつまでを認定することができるか、という問題があります。

(a) **入院期間**

入院期間については、原則的にその全部を休業期間として認めることができると解されています。

(b) **通院期間**

通院期間については、原則として、事故によって稼働できなくなった時点から、症状固定日までの期間について、休業損害を考慮することができます（症状固定日以降の期間については、後遺障害があれば、逸失利益の問題となります。）。

第1に、症状固定日以前に稼働が可能となった場合には、稼働可能日までの期間において休業損害を算定します。

この場合、稼働可能日を基準として、それ以前の労働能力はゼロであったが、それ以降は100パーセント回復したと考えることは不自然であり、不合理でもあると考えられます。そこで、症状固定日までの全期間について、平

均して何パーセント稼働できなかったか、という認定を行う下級審判例が多いといえます（ここで「稼働できなかった」という言葉は、休業を要したという意味を持ちます。）。

例えば、「入院期間については100パーセント、通院期間については平均して70パーセントの休業を認める」という判断が、これに当たります。

```
        受傷日         稼働可能日           症状固定日
──────●─────────▲──────────────■──────────▶
            休業期間
```

第2に、症状固定日においても、なお稼働が困難である場合には、症状固定日までの全期間について、100パーセントの休業損害を算定します。

　【判例】
　①　障害等級12級の被害者（症状固定時37歳）について、治療に当たった医師が、労災保険に対し、通院期間中は療養のため労働することができなかった旨の証明書を作成していることから、症状固定日までの1,802日について休業を要すると認めた事例（東京地判平21・11・4交民42・6・1456）
　②　障害等級併合11級の被害者（症状固定時26歳）について、事故前3か月間の平均給与と賞与4か月分を基に算出した年額428万8,112円を基礎収入として、事故から症状固定日までの1,356日中、1,000日については全日分を、また、356日分については半日分を、それぞれ休業損害と認めた事例（名古屋地判平23・7・20交民44・4・975）。

(5)　**会社役員の場合**

　会社役員の場合は、普通の給与所得者の場合とは違った特別の考慮が必要となります。一口に会社役員といっても千差万別であり、実態が個人事業主と余り変わらない場合は、むしろ事業所得者として休業損害の算定をした方が合理的であるといえます。

　他方、一定規模以上の法人において、会社役員としての待遇を受けている

Q 25　給与所得者の休業損害

場合、同人は、会社から経営を委任された者としての地位に基づいて役員報酬を受け取ることができます。その役員報酬は、**労務対価的部分**と、企業経営者として当然に受け取ることができる**利益配当的部分**に区別することができます。

そのうち、前者の部分だけが休業損害算定の基礎収入として認められると解されます（他方、配当部分については、基礎収入から除外されます。）。

(6) **企業損害**

企業損害とは、会社の代表者または従業員が事故で受傷したため、会社の売上が減少し、会社に経済的損害が生じた場合を指します。この場合、会社に発生した損失を加害者に請求することができるか否かが、企業損害の問題といわれるものです。

この点について、最高裁の判例は、**経済的同一体説**という立場をとっていると解されます（最判昭43・11・15民集22・12・2614）。この判例は、会社（法人）が、名ばかりの個人企業であって、経済的に会社の役員（取締役）と会社が一体をなす関係にあって、会社の機関としての代替性がない場合には、加害行為と会社に生じた損害との間に、相当因果関係を認めることができる、としました。

すなわち、会社役員個人の身に発生した交通事故によって損害を受けるのは、直接被害者たる役員です。会社は、役員とは別の法的主体であって、いわば間接被害者に相当します。間接被害者は、原則として賠償請求権の主体とはなりませんが、例外的に事故被害者である役員と会社とが経済的同一体をなしている場合（財布共通の原則が認められる場合）は、会社から、加害者に対する損害賠償請求権を認めようとする考え方です。

ただし、両者が経済的同一体をなしていたとしても、直接の被害者である役員が、既に損害賠償の支払いを受けているときは、賠償金の二重取りを防止する趣旨から、会社はもはや重ねて損害賠償の請求をすることはできない、と解されます（東京高判平13・1・31交民34・6・1744）。

(7) **肩代わり損害**

肩代わり損害（反射損害）とは、事故被害者である会社役員または従業員

のために、その者が所属する会社が、治療費・入院費、交通費、休業損害などを支払った場合に発生する損害をいいます。本来、これらの損害は、被害者から加害者に対して請求すべきものです。しかし、場合によっては、会社が一時的に立替払いをすることもあり得ます。その場合、会社は、加害者に対して立て替えた損害を請求することができます（民法499条の任意代位として理解することが可能です。）。

【判例】
　会社甲に生じた損害は、会社役員乙が事故による傷害のために事故前ほどは十分に働けなくなったことによる損害であるから、本来は、会社役員乙が休業損害として請求すべきものであるが、事故後に会社甲が役員乙に対し報酬を支払っていることから、役員乙の損害が塡補されそれが会社甲の損害となったものと捉えた事例（名古屋地判平23・7・15交民44・4・932）。

(8)　**設例解説**

設例1　「会社員甲は、乙運転の車にはねられ、1か月間、丙病院に入院し、その後、リハビリのために5か月通院し、事故から6か月後に症状固定した。そして、甲は、後遺障害等級14級の認定を自賠責保険で受けた。なお、甲は、入院期間中は全休し、通院期間中は年次有給休暇を10日間分使った。甲は、事故から2か月経過した日以降は、会社に毎日出勤することができた。甲の給与減額は、入院期間中の減額分30万円だけであった。基礎収入日額は、1万円である。甲の休業損害はいくらか？」

```
　　　　被害者甲　　　　　　　　　　丙病院
　　　　　↓　休業損害の請求（40万円）
　　　　加害者乙
```

解説1
　この設例の場合、甲は6か月間入通院しています。ところが、甲は、事故から2か月目以降は、会社に出勤できる健康状態となっていますから、それ

Q 25 給与所得者の休業損害

以降の通院は休業損害に含めないという立場もあり得ます。しかし、丙病院の医師が甲に治療の継続を求めている以上、甲としては受診を継続する必要がありました。したがって、年次有給休暇を使って通院した日数も休業日数に含まれることになります。すると、甲の休業損害の計算は、次のようになります。

《計算式》

1万円 ×（30日＋10日）＝ 40万円（解答）

設例2　「丁会社役員の甲は、乙の運転する車にはねられ、6か月にわたって丙病院に入通院し、幸いにも傷病は完治した。甲は、丁会社の代表取締役として、事故前年には2,000万円の役員報酬を受け取っていた。入院期間30日は全休、通院期間150日については平均して50パーセント休業したと考えられる場合、甲の休業損害はいくらか？」

解説2

この設例で一番問題となるのは、甲が丁会社の代表取締役であることから、休業損害算定の基礎となる所得をいくらとみるか、という点です。一概にいうことはできませんが、下級審判例上は、役員報酬の概ね60パーセントから70パーセント程度が労務対価的部分とされることが多いようです。したがって、甲の休業損害の計算は、次のようになります（ここでは、労務対価的部分を70パーセントとみておきます。）。

《計算式》

2,000万円 ×0.7＝1,400万円（労務対価部分）

1,400万円 ÷365日 ＝ 3万8,356円（基礎収入日額）

3万8,356円 ×［30日＋（150日×0.5）］＝ 402万7,380円（解答）

Q26　事業所得者の休業損害

設問　私は自営業を営んでいますが、このたび交通事故に遭って店を3か月間閉めました。その間の休業損害を加害者に請求することはできるでしょうか？

A　事故で営業ができなかった場合、休業期間中の損害を加害者に対して請求することは可能です。

解説

(1)　事業所得者の基礎収入

(a)　基礎年収の把握

事業所得者の場合、給与所得者と最も事情が異なる点は、所得が必ずしも明確に把握できないという点です。そのため、事業所得者の場合は、税務署に対する**確定申告額**を用いて所得を把握するという取扱いになっています（事故発生年の前年の確定申告額です）。

ただし、事故発生年の所得が、諸事情によって一時的に大きく落ち込んでいたような場合には、過去数年間の平均所得を参考にして基礎年収を決めるということが、例外的に認められています（青い本62頁）。

(b)　過少申告・無申告の場合

事業者によっては、適正な所得税の納税を免れようとして、故意に所得を**過少申告**する場合があります（この場合、売上の一部を除外する方法、経費を水増しする方法およびこれらの方法を併用する場合があります。）。

また、申告するべき所得があるにもかかわらず、あえて申告をしない場合もあります（**無申告**）。

これらの不正経理をしていた事業者が、交通事故の被害者になった際に、一転して申告額よりも多額の所得があったと主張することが許されるのか、

Q 26　事業所得者の休業損害

という問題があります。

　結論を先にいえば、税法違反に当たるかどうかという問題と、交通事故による損害賠償請求権の問題は別個の問題であって、申告額よりも多額の所得があったことを主張することは、原則的に許容されると解されます。

(c)　**賃金センサスを参考にした年収の認定**

　ただし、上記の場合に、下級審判例の傾向に照らせば、申告額を大きく上回る所得が実際にあったことを立証することは容易なことではなく、結果として、賃金センサスの平均賃金、またはその何割かが現実の所得として認定されるケースが多いようです。

【判例】

①　精神障害による障害等級9級の被害者（症状固定時53歳）について、平成9年から同16年までの売上および経費の額、税理士が休業期間中の基礎収入を日額9,513円と算定していたこと等を総合して、基礎年収を賃金センサス男子労働者大卒の全年齢平均賃金である674万4,700円の60パーセントに相当する404万6,820円とした上で、事故日から症状固定日までの502日間を通じて、60パーセント休業したと認めた事例（大阪高判平21・3・26交民42・2・305）

②　障害等級14級の被害者（症状固定時35歳）について、事故当時は会社を退職して蕎麦店の開業準備中であったが、事故前年の給与が195万円余りであり、また、事故前々年のそれが290万円余りであったことから、基礎年収は、賃金センサスの男子労働者年齢別平均賃金の7割に当たる342万2,930円であるとした上で、事故日から症状固定日までの380日を通じて、労働能力が健常時の70パーセント程度にまで低下していたと認めた事例（東京地判平21・11・12交民42・6・1516）

③　障害等級7級の被害者（症状固定時41歳）について、事故前3か月は各月80万円の役員報酬が支払われていたが、それ以前は全く支払われていないことから、月額80万円の役員報酬を基礎収入とすることはできず、賃金センサスの男子年齢別平均賃金の629万1,600円をもって基礎収入とするとした上で、入通院期間の423日を休業期間と認定した事例

(名古屋地判平22・4・23交民43・2・544)

④　障害等級14級の被害者（事故時35歳）について、同女はダンサーであるが、税務申告をしたことがなく、また、所得について公的な証明書もないことから、賃金センサス女子労働者年齢別平均賃金385万1,400円を基礎収入とした事例（大阪地判平22・11・1交民43・6・1401）

⑤　障害等級併合11級の被害者（症状固定時32歳）について、休業損害の基礎収入としては、事故前3か月の給与所得ではなく、より長期の事故前年の年間給与所得によるのが相当であるとした上で、事故日から症状固定日までの240日間の実通院日数が14日と少ないことなどを考慮して、当該期間について平均して30パーセント休業を認めた事例（名古屋地判平23・1・14交民44・1・1）

⑥　障害等級併合7級の被害者（症状固定時49歳）について、同人は事故の約1年前に独立してクラシックカーの修理業を開業したが、それ以後、事故時まで所得税の確定申告をしていなかったこと、同人が他人に雇用されていた最後の年の給与所得が361万余りであることなどの理由から、賃金センサス男子労働者年齢別平均賃金689万3,900円の7割に相当する482万5,730円を基礎収入とみた上で、入院中の58日について休業損害を認めた事例（京都地判平23・8・9交民44・4・1025）

(2) 休業期間

　事業所得者の休業期間（または休業率）を適正に判断することは、決して容易ではありません。それは、前記した給与所得者の場合とは異なって、会社という第三者的立場にある者が、事故被害者の休業期間を証明することができないためです（給与所得者の場合は、休業損害証明書による証明が可能です。）。

　そのため、事業所得者の休業損害の算定は、原則として、事故前年の所得（確定申告額）に、相当と認められる休業期間（または休業率）を乗じて行うというやり方が主流となっているといえます。

　休業期間の認定方法としては、例えば、入院期間は全期間を休業期間とみるが、通院期間は、実通院日数だけを休業したものと認定する方法、または、

Q 26　事業所得者の休業損害

通院期間全体を通じて平均して何割休業したと認定する方法などがあります。

あるいは、より単純化して、入通院日数にかかわらず、事故前年の所得と事故当年の所得を比較して、その差額（減額分）を休業損害とみる方法もあり得ます。

(3) 家族労働力の利用

(a) 被害者の単独事業の場合

事故被害者が自分だけで事業を営み、収益をあげている場合は、特に問題がありません。売上から必要経費を控除したものが、所得となります。

(b) 家族労働を利用しているが給与を支払っていない場合

被害者が自分以外に家族を使って事業を営んでいるが、特に家族に対し給与が支払われていない場合、被害者の所得は、被害者の**寄与割合**を乗じた金額となります。

例えば、被害者甲とその妻乙の二人で理容店を経営していたが、甲は乙に給与を支払うことなく、全部自分の名前で300万円の所得申告をしていた場合、甲の所得は、300万円に甲の寄与割合を乗じた金額となります。仮に70パーセントの寄与割合であるとすれば、300万円×0.7＝210万円が、甲の休業損害算定の基礎収入となります。

(c) 家族労働を利用し、かつ、給与を支払っている場合

上記の例で、甲が妻乙に対し**専従者給与**として、例えば年間50万円を現実に支払った結果、申告所得額が300万円とされている場合は、その300万円をそのまま基礎収入とすれば足りると考えられます。

ただし、税金を少なくするだけの目的で、妻乙が理容店で全く働いていないにもかかわらず50万円を控除していた場合には、300万円に50万円を加算した350万円を基礎収入とすべきであるという見解が有力です（青い本62頁）。

(4) 代替労働力の利用

事故被害者が、事故後の休業期間中に、休業を回避するために自分に代わって第三者に仕事をしてもらった場合（**代替労働力**の利用）、その者に支払った費用（経費）を休業損害として請求することができます。

本来、休業損害とは、前記したとおり、事故前年の所得（確定申告額）を

基礎として、実際に休業した期間の補償を加害者に対して求めるものです。しかし、厳密に休業損害を算定しようとすれば、まず事故後の売上から、必要経費を控除する作業を行う必要がありますが、その際、仮に事故に遭っていなかったとした場合に予想される売上を正確に推定することは困難とも考えられます。

そこで、代替労働力を用いることによって、事故前年並みの売上を確保することができたのであれば、端的に、代替労働力に要した費用を休業損害とみなすことも可能と考えられます。

例えば、事故被害者が休業中の3か月間に、代替労働力として100万円支出した結果、年間売上は事故前年並みの1,000万円を確保できた場合、事故被害者としては、100万円を休業損害として補償してもらえれば、損得が生じないことになります。

(5) **固定経費**

事故被害者が一時的に休業したとしても、怪我の治療が終わり次第、営業を再開しようと考えている場合が大半であると思われます。そうすると、事業再開に備えて、休業中であっても**固定経費**の支払いを余儀なくされることになります。多数説は、そのような固定経費も、休業損害として算定することができるという立場をとっています（青い本66頁）。

具体的に、休業損害に含まれる固定経費とは、例えば、営業店舗の賃貸料、減価償却費、保険料、電気代などの料金、修繕費などがあります。

【判例】
　　事故被害者が、事故日から稼働開始時までの休業期間中に支出した固定経費（租税公課、損害保険料、減価償却費、地代家賃）を損害と認めた事例（東京地判平22・3・4交民43・2・279）

(6) **設例解説**

設例1　「コンビニ店を個人で営む甲は、交通事故が原因で鞭打ち症に罹ったが、丙病院に1年間通院した結果、治癒した。通院実日数は100日であった。また、事故前からコンビニ店の従業員は妻の乙のみであり、乙は、専従者給与として年間30万円を現に受け取っていた。甲の事故前年の申告所得額

Q 26 事業所得者の休業損害

は500万円である。甲の休業損害はいくらか？」
解説 1
　コンビニ店を経営する甲の所得申告額は500万円です。したがって、基礎年収は500万円であり、基礎収入日額は1万3,698円です。年間の休業日数を仮に通院実日数100日として算定しますと、甲の休業損害の計算は、次のようになります。
《計算式》
　　500万円÷365日＝1万3,698円（基礎収入日額）
　　1万3,698円×100日＝<u>136万9,800円</u>（解答）

設例 2　「大工の甲は、丁が起こした交通事故による怪我のために15日間休業した。その間、以前から施主の乙に頼まれていた工事を、友人の職人丙に依頼して仕上げてもらった。その後、甲は丙に対し、10日間分の日当（材料費を含む。）として20万円を支払った。また、甲は施主の乙から、請負代金として50万円を受け取った。甲の休業損害はいくらか？」
解説 2
　甲は、施主乙から50万円を受け取っています。一方、甲は、代替労働費として職人丙に対し20万円を支払っていますから、30万円しか甲の手元に残りません。そのため、50万円と30万円の差額20万円が休業損害となって、甲はこれを加害者丁に請求できると解されます。
《計算式》
　　請負代金50万円－代替労働費20万円＝30万円
　　50万円－30万円＝休業損害<u>20万円</u>（解答）。

Q27　家事従事者の休業損害

設問　私は専業主婦です。1か月前に私が道路を歩行中、前から走行してきたバイクに衝突されて足を骨折しました。今後もしばらくは家事を行うことはできないと思いますが、その間の休業損害を加害者に請求することはできるでしょうか？

A　事故で家事ができなかった期間、休業損害を加害者に対し請求することができます。

解説

(1)　家事従事者

家事従事者とは、男女の別、年齢を問うことなく、現に他人のために家事に従事する者をいいます。したがって、男性であっても構いません。

家事労働については、そもそも金銭的に評価することが可能か、という議論がかつてはありましたが、現在ではこれを否定する立場はみられません。

最高裁の判例も、家事労働を金銭的に評価することを認めています（最判昭50・7・8交民8・4・905）。すなわち、「家事労働に属する多くの労働は、労働社会において金銭的に評価されうるものであり、これを他人に依頼すれば当然相当の対価を支払わなければならないのであるから、妻は、自ら家事労働に従事することにより、財産上の利益を挙げているのである」としています。

(2)　家事従事者の基礎収入

(a)　原則

上記のとおり、家事従事者の休業損害については、これを肯定する考え方が確立されていますが、では、これをいくらと評価すればよいのか、という問題を生じます。この点について、上記最高裁判例は、女子労働者の平均賃

Q 27　家事従事者の休業損害

金に相当する財産上の収益をあげるものと判断しており、現在の実務もその考え方に沿って運用されています。

すなわち、**女子労働者の平均賃金**（産業計・企業規模計・学歴計の全年齢平均賃金または年齢別の平均賃金）を採用することになります。たとえ、その者が大学院卒業者であっても、高校卒業者であっても同じです。

(b)　**例外**

家事従事者のうち、**専業主婦**については、上記の平均賃金を当てはめて休業損害を算定することになります。

問題は**兼業主婦**の場合です。兼業主婦の場合は、家事労働をこなすほかに、自ら得た所得があります。そこで、自ら得た所得を加算することができるのか、という問題があります。しかし、この点は否定されています。すなわち、賃金センサスの金額と自らの所得を比較して、いずれか多い方の金額を用いるということになります。

したがって、ある兼業主婦が、会社から給与として年間800万円を受け取っている場合は、800万円を基準として休業損害を算定します（上記の女子労働者平均賃金が、800万円を超えることは目下のところあり得ないと考えます。）。

一方、その兼業主婦が、給与として年間100万円しか受けとっていないような場合は、より多額の賃金センサスの金額を用いて休業損害を算定することになります。

(c)　**一人暮らしの場合**

事故の被害者が一人暮らしの場合（**一人暮らしの家事従事者**）、実務は休業損害を否定します（東京地判平22・2・9交民43・1・123）。

理由は必ずしも明らかではありませんが、おそらく、家事従事者に休業損害が発生するためには、自分以外の第三者に対し家事労働力を提供していることが必要と考えられているためではないかと思われます。自分自身のために家事労働を行っている場合は、収益を生まないので、休業損害を認めなくてもよいということです（なお、逸失利益についてはQ30参照）。

(3)　**休業期間**

第2部　損害賠償の内容と算定方法　　2　休業損害

　休業日数（休業期間）については、他の場合と同様の考え方が当てはまります（Q25　参照）。主婦が、現実に家事労働に従事できなかった期間が、休業期間となります。その場合、受傷内容、受傷部位、治療経過、回復の度合い、被害者の年齢、家族構成などを総合的に考慮して休業割合を決定します。

【判例】
① 障害等級2級の被害者（症状固定時71歳）について、事故発生日から症状固定日までの全672日間について休業を要したものとし、基礎収入を賃金センサス女子労働者65歳以上の平均賃金294万7,400円として、542万6,400円認めた事例（大阪地判平21・2・16交民42・1・154）。
② 障害等級14級の被害者（症状固定時39歳）について、事故前は主婦であって夫の自営業を手伝っていたとして、基礎収入は賃金センサス女子労働者全年齢平均の343万2,500円を採用した上で、事故日から症状固定日までの273日について、平均して70パーセント労働能力を喪失したものとみて、179万円余りを休業損害と認めた事例（神戸地判平21・11・11交民42・6・1469）
③ 事故当時、アパートで一人暮らしをしていた女性（事故時67歳）について、同女の家事労働は専ら自分の生活のために行われていたものと考えられるとして、休業損害を認めなかった事例（東京地判平22・2・9交民43・1・123）
④ 障害等級14級の被害者（症状固定時35歳）について、基礎収入を賃金センサス女子労働者全年齢平均の342万2,500円とした上で、事故日から症状固定日までの366日について、平均して50パーセント休業したとして、152万円余りを認めた事例（東京地判平22・3・18交民43・2・392）
⑤ 障害等級併合5級の被害者（症状固定時33歳）について、賃金センサス女子労働者全年齢平均賃金343万2,500円を基礎収入として、事故による三度の入院治療が終了した日までの1年3か月については100パーセント、その後、症状固定時までの1年3か月については80パーセント

105

Q 27　家事従事者の休業損害

それぞれ休業したとして、合計772万円余りを認めた事例（大阪地判平23・3・11交民44・2・335）

(4) 設例解説

設例1　「専業主婦甲は、交通事故に遭って腕を骨折し、30日間入院し、また、90日間通院して症状が固定した。また、自賠責保険で後遺障害12級の認定を受けた。甲の家族は、公務員の夫と小学生の子の3人家族である。甲の休業損害はいくらか？」

解説1

主婦甲は、夫と子供の3人家族であることから、家事従事者であることは疑いありません。また、甲は腕を骨折し、後遺障害等級も認定されていることから、傷病の程度は、決して軽いとはいえず、家事に相当の支障が生じたことは明らかです。したがって、次のように算定されます（ここでは賃金センサスの女子労働者平均賃金を350万円とします。）。

《計算式》

　賃金センサスの年収350万円 ÷365日＝9,589円（基礎収入日額）

　9,589円 × ［30日＋（90日 ×0.8）］ ＝<u>97万8,078円</u>（解答）

設例2　「仮に、甲が兼業主婦であって、事故前に会社から給与として年間500万円を受けとっていた場合はどうか？」

解説2

この場合、甲には500万円の給与所得がありましたから、その500万円を基礎年収として算定します。

《計算式》

　給与所得500万円 ÷365日＝1万3,698円（基礎収入日額）

　1万3,698円 × ［30日＋（90日 ×0.8）］＝<u>139万7,196円</u>（解答）

Q28　学生その他の者の休業損害

設問　私は大学4年生ですが、交通事故で入院していたため卒業試験を受けることができず、留年してしまいました。事故に遭う前に、企業から内定をもらっていましたが、卒業が遅れて会社に就職できなかった分の損害を補償してもらいたいと考えています。可能でしょうか？

A　事故が原因で就職が遅れた場合は、遅れた分（原則として1年間分）の休業損害を請求することができます。

解説

(1)　**学生**

　(a)　**原則**

　学生は、夜間部の学生を除き、通常は稼働による収入がありませんから、原則的に休業損害は認められません。

　(b)　**例外**

　例外として、次のような場合があります。

　第1に、アルバイトをしている学生が、事故のためにアルバイトを辞めざるを得なかった場合、事故に遭っていなかったとした場合に受け取れたであろう収入（アルバイト代）を請求することができます。

　しかし、学生の本分は勉学にあり、アルバイトはあくまで補助的なものです。また、アルバイトの場合は、定職と異なって雇用の継続性に疑問がありますから、その点を吟味する必要があります。

　第2に、仮に就職先が内定していたが、事故のために学業を休まざるを得ず、結果として、卒業に必要な単位をとることができなかった場合、その事実は内定取消しの正当理由となります。すると、その学生は、内定先の会社に就職することができず、就職予定時期が1年遅れることになります。その

Q 28　学生その他の者の休業損害

場合、就職が内定していた会社の初任給を基本年収として、休業損害が認められます。なお、余分に要した授業料なども損害として賠償請求することができます（Q24参照）。

【判例】

①　大学院生が、事故によって１年間卒業が遅れたことから、男子大卒25歳〜29歳の平均賃金440万7,200円を基礎収入として、440万7,200円の休業損害を認めた事例（東京地判平21・9・10交民42・5・1163）。

②　事故当時大学３年生になったばかりの被害者について、大学の講義が終わってからアルバイトに行くのであれば、学業とアルバイトを両立させることは可能であるとした上で、事故前のアルバイト日額5,189円を基礎収入として、入院期間384日間について休業損害を認めた事例（名古屋地判平23・2・18交民44・1・230）。

(2)　失業者その他の者

　(a)　失業者

失業者には、原則として休業損害は発生しません。しかし、事故の直前まで稼働していたが、直前に会社を辞めて、たまたま無職者となったような者についてまで一切休業損害を認めないとしたら、それは不合理といえます。

このような場合、仮に事故に遭っていなかったとしたら就職できていた蓋然性が高いと認められるときは、就職ができたと認められる時期以後について、就労可能時期までの休業損害を肯定することができます。

なお、事故に遭った時点では無職者であっても、既に、次の就職先が内定していたような場合は、採用予定時期（出社予定時期）から、実際に就職した時期までの間について休業損害が認められます。

　(b)　不労所得者

地代、家賃、金利、配当、年金、生活保護受給などで生計を立てている者を**不労所得者**といいます。これらの者が事故で入通院することになっても、休業損害は原則として発生しません。なぜなら、例えば、家賃収入で生活している者が入院しても、継続的に家賃は入ってくるからです。

【判例】

①　被害者は、長年にわたって製紙会社に勤めていたが、定年退職して事故当時はアルバイトをしていたところ、以前の勤務先から再就職の勧誘があったことから、上記就労状況、その後の就職の蓋然性等を考慮して、再就職予定先の年収420万円の7割を基礎収入とした上で、事故後、症状固定日までの667日間にわたって休業損害を認めた事例（東京地判平20・6・17交民41・3・730）

②　被害者は、事故当時、仕事をしている妻と3人の子がいたが、事故後に生活保護を受けるに至っていることから、被害者にも一定の収入があったと推認することはできるが、収入を裏付ける証拠がないとして、賃金センサスの男子労働者高卒の年齢別平均賃金525万8,900円の5割に相当する262万9,450円程度を基礎収入とした上で、事故日から355日の休業を認めた事例（東京地判平20・6・30交民41・3・796）

③　事故当時、求職中で区役所の職員採用試験に応募していた女性について、就労の蓋然性を認めることができるとして、同試験に合格していれば採用されたと考えられる時期から、症状固定時までの5か月間について、賃金センサス女子労働者・学歴計・全年齢平均賃金345万3,500円を基礎として、傷害の程度を考慮して50パーセントの割合で休業したと認めた事例（東京地判平23・2・3交民44・1・197）

④　前回の事故で休業中であった被害者について、前回の事故に遭うまでトラック運転手として給与所得月額32万5,000円を得ると同時に、別の会社でビル管理の仕事に従事した3か月間で25万3,500円を得ていたことから、日額1万3,650円の所得があったものとして、休業期間455日にわたって621万0,750円を認めた事例（さいたま地判平23・5・30交民44・3・696）。

(3) **設例解説**

設例1　「大学4年生の学生甲は、春先に丙社から採用内定の通知を受けたが、その3か月後に乙が起こした交通事故で受傷し、長期間の入通院を余儀なくされたため授業に出ることができず、単位不足で翌年3月に卒業できなかった。なお、丙社の初任給は、月額20万円である（その他賞与が年間4か

Q 28 学生その他の者の休業損害

月分支給される。)。学生甲の休業損害はいくらか？」

解説1

　この場合、仮に学生甲が事故に遭っていなかったら、翌年4月には丙社に正式に採用されていた蓋然性が高いといえます。つまり、就職が1年遅れたことになりますから、甲が内定していた丙社の初任給を基礎年収として、加害者乙に対し休業損害を請求することができます。

《計算式》

　20万円 ×（12か月 + 4か月）＝ <u>320万円</u>（解答）

設例2　「40歳の男性甲は、経理マンとして長年働いていたが、勤務先の会社が倒産した。甲はすぐさま求職活動を開始し、丙社の社長面接を受けることになったが、面接に赴く途中で乙の運転するバイクにはねられ入院し、丙社から不採用通知が来た。また、怪我は3か月で治癒した。なお、甲のかつての年収は、500万円である。甲の休業損害はいくらか？」

解説2

　甲は社長面接まで行ったのですから、仮に事故に遭っていなかったら、正式に採用されていた蓋然性が高いといえます。そこで、男子労働者の年齢別平均賃金を用いて休業損害を算定することができます。仮に男子労働者の40歳の平均賃金を600万円とすると、次のようになります。

《計算式》

　600万円 ÷ 365日 ＝ 1万6,438円

　1万6,438円 × 90日 ＝ <u>147万9,420円</u>（解答）

3 逸失利益

Q29 逸失利益の意味

設問 私は、交通事故が原因で後遺障害が残ってしまいました。その場合、逸失利益の損害を賠償請求できると聞きました。逸失利益の意味がよく分かりませんので教えてください。また、逸失利益を算定するには、中間利息を控除する必要があるとも聞きました。その点についても解説してください。

A 事故で後遺障害が残った場合、将来、後遺障害によって収入を得ることができなくなった分の補償を逸失利益といいます。また、中間利息を控除するに当たり、ライプニッツ係数を用います。

解説

(1) **逸失利益とは**

交通事故によって発生する損害を大きく分けますと、**人的損害**（人身損害）と**物的損害**（物損）に区分できます（Q3参照）。

次に、人的損害を区分しますと、**財産的損害**（経済的損害）と**精神的損害**（慰謝料）に分かれます。

さらに、財産的損害は、**積極損害**と**消極損害**に分かれます。**逸失利益**は、消極損害の一つに当たり、仮に事故に遭っていなければ、将来得ることができたであろう利益という意味です（休業損害も消極損害に当たりますが、これは既に発生した損害という性格を帯びます。）。

(2) **逸失利益の算定**

逸失利益を算定するに当たって、問題点が三つあります。

Q 29　逸失利益の意味

第1に、被害者の年収（基礎年収）です。
第2に、被害者の労働能力喪失率です。
第3に、労働能力の喪失期間です。
そして、逸失利益の算定は、次の計算式で行います。

基礎年収 × 労働能力喪失率 × 喪失期間に対応するライプニッツ係数＝逸失利益

例えば、基礎年収が500万円、労働能力喪失率が45パーセント、症状固定時の年齢が50歳とした場合、67歳までは17年間ありますから、そのライプニッツ係数は11.274となります（逸失利益は将来発生するものですが、それを現時点で一時金として請求する以上、将来の利息を控除する必要があります。そのため、ライプニッツ係数を用います。）。この場合、逸失利益の計算は、次のようになります。

《計算式》
　500万円 ×0.45×11.274＝2,536万6,500円

(3)　後遺障害が残った場合と死亡した場合の異同

逸失利益は、事故の被害者が死亡しなかったが後遺障害が残った場合と、死亡した場合の、両方の場合に発生します。

そこで、両者の異同について述べます。

(a)　異なる点

第1に、後遺障害の場合は、事案によって労働能力喪失率が異なりますから、この点が最大の問題点となります。他方、死亡事故の場合は、どのような事案であっても、一律100パーセントの労働能力喪失率となります。この点が大きく異なります。

第2に、後遺障害の場合は、生活費控除の問題を生じません。一方、死亡事故の場合は、生活費控除の問題が生じます（Q36参照）。生活費控除とは、死者の逸失利益を算定するに際し、仮に生きていたら支出を免れない生活費を控除する、ということです。

なお、被害者が植物状態に陥ったとしても、生存している以上、生活費控除の問題は生じないと解されます（名古屋地判平23・12・9交民44・6・1549）。

(b) 同一点

基礎年収および労働能力喪失期間の点は、両者で特に異なりません。

(4) 中間利息の控除

(a) 問題の所在

後遺障害による逸失利益を算定する際には、上記の三つの問題点があります。そのうち、労働能力喪失期間については、さらにこれに対応するライプニッツ係数をどのように計算して求めるのか、という問題があります（これは、**中間利息の控除**の問題です。）。

これには二つの立場があります。

多数説は、**症状固定時説**という考え方です。症状固定時説とは、症状固定時を起算点（基準時）として、中間利息を控除して現価計算をするべきである、という考え方です。次に、一例をあげます。

被害者甲は、37歳の時に交通事故に遭い、3年後の40歳の時に症状が固定したとします。就労可能年齢は67歳までですから、労働能力喪失期間は27年です。症状固定時説の場合、単純に、症状固定時から中間利息を控除しますから、27年のライプニッツ係数は、14.643となります。

```
  事故日      症状固定日                       就労可能期間の終期
  ──●──────▲────────────────■────────▶
  37歳        40歳          27年             67歳
```

これに対し、少数説として**事故時説**という考え方があります。事故時説は、事故日を起算点として、中間利息を控除して現価計算すべきであるとします。上記の例では、37歳から67歳までの30年に対応するライプニッツ係数から、37歳から40歳までの3年に対応するライプニッツ係数を引いた値を用います。

したがって、30年のライプニッツ係数15.372から、3年のライプニッツ係数2.723を差し引いた値12.649を採用するべきであるとします。

Q 29　逸失利益の意味

(b)　症状固定時説が正当

症状固定時説と事故時説は、理論的にはいずれの考え方も成り立ち得ると考えられますから、いずれの考え方を採用するかは、結果の妥当性で決まるといえます。

その観点から、事故時説には次のような難点があります。

第1に、そもそも逸失利益を算定する際に、年5パーセントもの金利を基礎に中間利息を控除すること自体が不当であるという批判があります。したがって、せめて中間利息控除の起算点については、症状固定時とするのが相当というべきです。

第2に、事故時説は、不法行為に基づく遅延損害金は不法行為時（事故時）から発生するのであるから、逸失利益についても不法行為時から中間利息を控除しなければならないとしています。しかし、逸失利益の中間利息の計算は複利で行うのに対し、遅延損害金は単利で計算していますから、前者の方が、後者と比較して中間利息を控除しすぎているという批判があります。

第3に、仮に事故時説をとれば、逸失利益のみならず、将来介護費や将来治療費などについても同様の取扱いをしなければ趣旨が一貫しません。しかし、現実にはそのようにはなっておらず、なぜ逸失利益のみについて事故時説を採用するのか十分な説明がありません。

事故時説には上記のような難点があって、支持できません。症状固定時説が正当であると解されます。

(c)　下級審判例の傾向

近時の下級審判例の傾向をみると、圧倒的に症状固定時説が支持を集めています（神戸地判平18・6・16交民39・3・798、大阪地判平18・6・20交民39・3・823、東京地判平19・9・25交民40・5・1228、大阪地判平19・12・10交民40・6・1589、大阪高判平21・3・26交民42・2・305）。

一方、事故時説に立つものは、僅かにとどまります（大阪地判平20・3・14交民41・2・327）。

Q30　逸失利益算定の基礎収入

設問　後遺障害による逸失利益を算定する場合、基礎収入をいくらとみるか、という点がしばしば争われると聞きました。基礎収入は、どのように決まるのでしょうか？

A　基礎収入は、給与所得者および家事労働者の場合は余り問題となりませんが、事業所得者および若年者では問題となることがよくあります。

解説

(1)　基礎収入総論

　前にも述べましたが、逸失利益を算定するには、「基礎年収 × 労働能力喪失率 × 喪失期間に対応するライプニッツ係数」という計算式を用います（Q29参照）。したがって、**基礎収入**（基礎年収）は、逸失利益の算定に当たって重要な問題となります。

　例えば、事故前年の所得が500万円だった人が、交通事故で怪我をして重い後遺障害が残ったとします。この500万円が公的に証明されたものであれば、裁判所がその人の基礎収入を500万円と認める可能性は極めて高い、ということができます。

　一方、事故の前年に現実に500万円の所得があったとしても、それを裏付ける証拠が全くない場合は、裁判所が事実に沿った認定をすることは、一般的にみて容易ではないといえます。

　以下、事故被害者の類型別に、基礎収入の原則的な算定方法について解説します。

(2)　基礎収入各論

　(a)　給与所得者

　給与所得者の場合、原則として、事故当時の実収入額（事故前年の所得）

Q 30 逸失利益算定の基礎収入

が逸失利益算定の基礎収入となります。実収入額の証明は、被害者が勤務する会社が作成した源泉徴収票または市町村が発行した所得証明書などで行います。

しかし、給与所得者であっても、後記するとおり、被害者の年齢が若くいわゆる**若年者**（ここでいう「若年者」とは、おおむね30歳未満の者を指すものとされています。）に該当する場合は、修正を施す必要が生じます（本問(3)参照）。それは、同じ給与所得者であっても、若年者の場合は、壮年者や定年年齢に近い者と違って、給与額が相当低額に抑えられていることが多いといえるからです。

逸失利益の問題は、あくまで、被害者が67歳に到達するまでの長期間にわたってどれほど利益を喪失するか、という点に関する問題ですから、若年当時の低く抑えられた給与を基礎として、67歳までの損害を算定することは不合理といえます。

(b) 事業所得者

事業所得者の逸失利益の算定に当たっては、休業損害のところで述べたことが、ほぼそのまま当てはまります（Q26参照）。

ただし、逸失利益の場合は、休業損害の場合と異なって、上記のとおり67歳までの長期間にわたって損害を算定する必要があります。そのため、原則論を一律に適用するのではなく、必要かつ合理的な修正を施すべき場合があります。

例えば、被害者が、自分で個人企業を立ち上げた直後であるため、全く収益が出ていなかった時期に、交通事故に遭って後遺障害が残ったような場合がこれに当たります。この場合、事故時における低い所得を基準に、長期間にわたる逸失利益を算定することは不合理といえます。

このような場合は、賃金センサスの平均賃金額を参考にして、適切な基礎収入を認定するほかないと考えられます（青い本82頁）。また、過少申告・無申告の場合も、これに準じて考えることができます。

(c) 家事従事者

家事従事者とは、男女の区別を問うことなく、現に他人のために家事労働

に従事する者をいいます（Q27参照）。家事従事者の逸失利益を算定する際、その基礎となる年収は、休業損害の場合と同様です。

そして、高齢の家事従事者（**高齢家事従事者**）については、現実の家事労働能力を考慮して、賃金センサスの女子労働者年齢別平均賃金（またはその何割かの金額）を基礎収入とすることが多いといえます。

なお、一人暮らしの家事従事者について、逸失利益を認めない立場もあるようです。しかし、逸失利益の本質から考えた場合、同人に労働の意欲と能力が認められる限り、原則的にこれを肯定することは可能であると解されます（Q27参照）。

(d) **学生**

学生の場合、原則として、賃金センサスの学歴計・男女別の平均賃金が基礎収入となります。また、大学生（大学進学の蓋然性が高い高校生も含まれます。）については、大卒の男女別平均賃金を用います。

特に、女子については、その年齢が低い場合（**年少女子**の場合）は、女子労働者の学歴計・全年齢平均賃金を用いるのではなく、全労働者つまり男女計の学歴計・全年齢平均賃金を用いるのが最近の流れです（青い本84頁）。

これは、女子労働者の平均賃金が比較的低額であることから、男女間格差を少しでも是正するため、このような考え方がとられているわけです（ここで、「年少女子」としていつの年齢まで認めるのか、という議論があります。義務教育終了時までがこれに含まれることに異論はありません。最近では、高校卒業時までを年少女子に含めてもよい、という立場が有力になりつつあります。）。

(e) **無職者**

無職者の場合、休業損害算定の場合とは異なって、現に収入がない状態であっても、そのまま無収入の状態が何年間にもわたって継続することは通常考え難いことから、逸失利益を認めることができます。

基礎収入については、無職者になる前の収入実績を考慮して、賃金センサスの平均賃金を参考にして決めることになります。

【判例】

① 被害者（症状固定時53歳）は、事故当時は無職であったが、事故の

Q30　逸失利益算定の基礎収入

約1年前までは警備員として稼働し、1か月当たり平均して20万円余りの所得があったことから、賃金センサスの男子労働者・中卒・年齢別平均賃金495万7,400円の半額に当たる244万1,652円を基礎収入と認めた事例（東京地判平21・1・26交民42・1・52）

②　被害者（症状固定時71歳）は、事故当時、家事労働に従事していたこと、症状固定時71歳であること、平均余命等を考慮し、基礎収入として、賃金センサス女子労働者65歳以上の平均賃金284万3,300円の8割に相当する227万4,640円を認めた事例（大阪地判平21・2・16交民42・1・154）

③　被害者（症状固定時31歳）は、ネットワーク設計等を手掛ける有限会社を設立したが、その約1か月後に事故に遭ったため営業収入はなく、また、大学院卒業後会社設立までの収入状況について証拠上明らかでないことから、基礎収入を、賃金センサス男子労働者全年齢平均賃金542万7,000円の7割（379万8,900円）とした事例（東京地判平21・3・31交民42・2・506）

④　被害者（症状固定時36歳）は、事故前年に301万円余りの所得があったが、陶芸家という職業から将来的に収入が増加する可能性があるとして、賃金センサス高専・短大卒の年齢別平均賃金の90パーセントに相当する金額（477万0,720円）を基礎収入とした事例（佐賀地判平21・8・7交民42・4・1010）

⑤　被害者（症状固定時60歳）は、指定暴力団の組長であり、配下の若い従業員12名程度を使って露天商を営み、特に金に困った様子もなかったことから、賃金センサスの平均賃金を参考に400万円程度の年収があったと認めた事例（東京地判平21・8・26交民42・4・1060）

⑥　被害者（症状固定時37歳）は、事故前年に賃金センサスの年齢別平均賃金（497万円余り）を上回る給与（508万円余り）を得ていたことから、逸失利益算定の基礎収入は、症状固定時の年齢別平均賃金571万0,500円とするとした事例（東京地判平21・11・4交民42・6・1456）

⑦　被害者（症状固定時25歳）は、事故当時、調理師専門学校を卒業し

て就労を開始したばかりであり、253万円余りの年収を得る見込があったが、将来的には男性労働者全年齢平均賃金554万7,200円程度の収入を得る蓋然性があったとして、これを基礎収入とした事例（東京地判平22・1・18交民43・1・1）

⑧　被害者（症状固定時34歳）は、国立大学を卒業後、事故当時は宮大工見習いとして180万円の年収があったが、その後、転職を余儀なくされ、事故年から2年後には386万円余りを、同じく3年後には414万円余りの年収を得ていることから、症状固定日の属する年の賃金センサス女子労働者・大学卒・全年齢平均賃金446万1,200円の95パーセントに相当する423万8,140円を基礎収入とした事例（東京地判平22・2・17交民43・1・210）

⑨　被害者（症状固定時27歳）は、事故当時、美容師見習いとして月額16万5,000円の給与を得ていたが、将来的には男性労働者全年齢平均賃金542万7,000円程度の収入を得る蓋然性があったとして、これを基礎収入とした事例（東京地判平22・6・3交民43・3・729）

⑩　被害者（症状固定時44歳）は、事故当時、消防隊員であったが、定年を迎える60歳までは事故時の年収926万4,820円を、また、60歳から67歳までは賃金センサス男子労働者年齢別平均賃金430万4,400円を、それぞれ基礎収入とするとした事例（神戸地判平22・9・9交民43・5・1174）

⑪　被害者（症状固定時62歳）は、事故当時無職であったが、退職金の多くをギャンブルにつぎ込んでいることから、事故当時就労の蓋然性があったと認めることは難しいが、就労の意欲を全く否定することもできず、賃金センサス男子労働者年齢別平均賃金435万3,400円の5割を基礎収入とするとした事例（名古屋地判平22・11・10交民43・6・1432）

(3)　**三庁共同提言**

(a)　**三庁共同提言とは**

上記のとおり、被害者のうち特定の類型に該当する者については、原則を修正して例外的取扱いを認める必要があります。

Q 30 逸失利益算定の基礎収入

そのため、東京地裁、大阪地裁および名古屋地裁は、平成11年11月22日、いわゆる「**三庁共同提言**」を行いました（判時1692・162）。

それによりますと、「原則として、幼児、生徒、学生の場合、専業主婦の場合、及び、比較的若年の被害者で生涯を通じて全年齢平均賃金又は学歴別平均賃金程度の収入を得られる蓋然性が認められる場合については、基礎収入を全年齢平均賃金又は学歴別平均賃金によることとし、それ以外の者の場合については、事故前の実収入額によることとする」という基準が示されました。

(b) **対象者**

以上のことから、三庁共同提言の対象となるのは、次に掲げる者であることが分かります。

① 幼児
② 生徒
③ 学生
④ 専業主婦
⑤ 若年の被害者であって、生涯を通じて平均賃金程度の収入を得られる蓋然性が認められる者

(c) **効果**

これらの者については、逸失利益算定の基礎収入を、賃金センサスの全年齢平均賃金または学歴別の平均賃金（学歴別・男女別・全年齢平均賃金）とすることができます。

(4) **設例解説**

設例1 「甲は、大学を卒業して地方銀行に入行した男性であるが、事故で怪我をして後遺障害等級10級が認定された（症状固定時27歳である。）。事故前の甲の年収は450万円であった。甲の逸失利益はいくらか？」

解説1

甲は、30歳未満の若年被害者に該当しますから、逸失利益を算定する際の基礎年収は、賃金センサスとなるのが原則です。

甲の事故前の年収は450万円であり、賃金センサス大卒男子・年齢別平均

賃金とほぼ同じ金額であることから、生涯を通じて大卒男子・全年齢平均賃金程度の収入（ここでは仮に633万円とします。）を得る蓋然性があります。

また、後遺障害等級10級の労働能力喪失率は27パーセントであり、27歳から67歳までの40年のライプニッツ係数は17.159です。すると、甲の逸失利益は、次のように計算できます。

《計算式》

633万円 ×0.27×17.159＝<u>2,932万6,446円</u>（解答）

設例2　「甲は、18歳で高校を卒業し、回転寿司チェーン店に就職して10年が経過した28歳の女性である。甲は事故で怪我をして、後遺障害等級12級が認定された（症状固定時28歳である。）。事故前の年収は290万円であった。甲の逸失利益はいくらか？」

解説2

甲の事故前の年収は290万円であり、賃金センサス高卒女子・年齢別平均賃金を上回る金額であることから、生涯を通じて高卒女子・全年齢平均賃金程度の収入（ここでは仮に294万円とします。）を得られる蓋然性があります。

また、後遺障害等級12級の労働能力喪失率は14パーセントであり、28歳から67歳までの39年のライプニッツ係数は17.017です。すると、甲の逸失利益は、次のように計算できます。

《計算式》

294万円 ×0.14×17.017＝<u>700万4,197円</u>（解答）

設例3　「甲は、夫と二人の子供をもつ主婦である。甲は、近くの工場でパート勤務をし、事故前には150万円の年収があった。甲は事故で怪我をして、後遺障害等級11級が認定された（症状固定時35歳である。）。甲の逸失利益はいくらか？」

解説3

甲の事故前の給与所得は150万円ですが、甲は家事労働者でもありますから、賃金センサス女子・全年齢平均賃金程度の収入（ここでは345万円としま

Q 30　逸失利益算定の基礎収入

す。）が認められます。

また、後遺障害等級11級の労働能力喪失率は20パーセントであり、35歳から67歳までの32年のライプニッツ係数は15.803です。すると、甲の逸失利益は、次のように計算できます。

《計算式》

　345万円 ×0.2×15.803＝<u>1,090万4,070円</u>（解答）

設例 4　「甲は、夫と二人で年金暮らしをしている高齢者である。甲は、日常の家事を行っている。甲は事故で怪我をして、後遺障害等級 9 級が認定された（症状固定時70歳である。）。甲の逸失利益はいくらか？」

解説 4

甲は、高齢家事従事者に当たりますから、賃金センサス女子・年齢別平均賃金程度の収入（ここでは289万円とします。）が認められます。

また、後遺障害等級 9 級の労働能力喪失率は35パーセントです。

逸失利益算定期間は、甲が症状固定時に70歳ですから、8 年となります。8 年のライプニッツ係数は、6.463です（Q 31参照）。

すると、甲の逸失利益は、次のように計算できます。

《計算式》

　289万円 ×0.35×6.463＝<u>653万7,324円</u>（解答その 1 ）

ただし、年齢を考慮して、上記平均賃金の 8 割程度を基礎収入と考えることも可能です。その場合は、次のような計算となります。

　289万円 ×0.8＝231万2,000円

　231万2,000円 ×0.35×6.463＝<u>522万9,859円</u>（解答その 2 ）

Q31 逸失利益算定の労働能力喪失期間

設問 後遺障害による逸失利益を算定するに当たり、労働能力喪失期間は、どのように決まるのでしょうか？

A 労働能力喪失期間の終期については、原則として、67歳とされていますが、実務上は、症状固定時から67歳までの期間と、平均余命の2分の1を比較して、より長期の年数を用いるものとされています。

解説

(1) 18歳以上の被害者の労働能力喪失期間の始期と終期

(a) はじめに

労働能力喪失期間とは、後遺障害によって被害者に生じた労働能力喪失状態が継続する期間をいいます。労働能力喪失期間については、始期（始まり）と終期（終わり）が問題となります。

(b) 労働能力喪失期間の始期と終期

労働能力喪失期間の始期は、症状固定日（症状固定日の属する年）です。

また、その終期は、原則として、67歳です。

例えば、47歳の時に症状固定した場合、労働能力喪失期間は、47歳から67歳までの20年となります。ただし、後遺障害等級が14級のときは、労働能力喪失期間は5年以下とされる例が多いようです。

```
        症状固定日              労働能力喪失期間の終期
─────────▲────────────────────■──────────▶
         47歳                    67歳
```

(c) 例外その1

Q 31　逸失利益算定の労働能力喪失期間

　以上の原則からしますと、被害者の症状固定日が67歳に接近すればするほど、労働能力喪失期間が減少することになります。しかし、中高年の被害者が、事故前は現に健康で働ける状態にあったにもかかわらず、67歳に到達したと同時に、労働能力をすべて喪失するとみることは、極めて不合理です。

　そこで、実務上は、症状固定時から67歳までの年数と、平均余命の2分の1の年数を比較して、より長期の年数を労働能力喪失期間として認めることにしています（Q36参照）。

　例えば、ある被害者甲（男性）は、症状固定時62歳であったとします。62歳の男性の平均余命は、年度によって多少の変動はありますが、ここでは仮に21.25年とします。すると、その2分の1は、11年です（10.625年の小数点以下を切り上げますと、11年となります。）。

　他方、62歳から67歳までは5年あります。すると、より長期の数値は11年ですから、結局、労働能力喪失期間は11年となります。

(d)　例外その2

　症状固定時に、既に67歳を超えている被害者の場合は、平均余命の2分の1の年数が、労働能力喪失期間となります。

　例えば、症状固定時の年齢が70歳の男性の場合、平均余命を仮に15年とした場合、その2分の1の年数は7.5年ですが、その端数を切り上げますと、8年が労働能力喪失期間となります。

(2)　**18歳未満の被害者の労働能力喪失期間の始期と終期**

　被害者が18歳未満の場合、就労の始期は、症状固定日ではなく、18歳に到達した時点です（就労可能期間の終期は、もちろん67歳です。）。

　例えば、症状固定時14歳の中学生の場合、14歳から67歳までの53年に対応するライプニッツ係数（18.4934）から、14歳から18歳までの未就労の期間4年分を差し引く必要があります（なお、4年に対応するライプニッツ係数は3.5459です。）。つまり、18.4934－3.5459＝14.9475となります。このように、症状固定時14歳の中学生に適用されるライプニッツ係数は、14.9475となります。

第2部 損害賠償の内容と算定方法　3　逸失利益

Q32　逸失利益算定の労働能力喪失率

設問　後遺障害による逸失利益を算定するに当たり、労働能力喪失率が決まらないと計算ができないと思いますが、どのように決めるのでしょうか？

A　労働能力喪失率については、原則として、自賠責保険の後遺障害等級認定の手続きによって認定された等級によって判断します。ただし、等級の是非が裁判で争われた場合、裁判所は、自賠責保険で認定された後遺障害等級に拘束されず、最も妥当と思われる等級を決定することができます。

解説

(1)　労働能力喪失率の認定

事故被害者に後遺障害が残った場合、労働能力喪失の程度がどれほどのものか、という点が重要な問題となります。労働能力喪失率の認定およびそれに続く紛争の解決は、通常、次のような流れとなります。

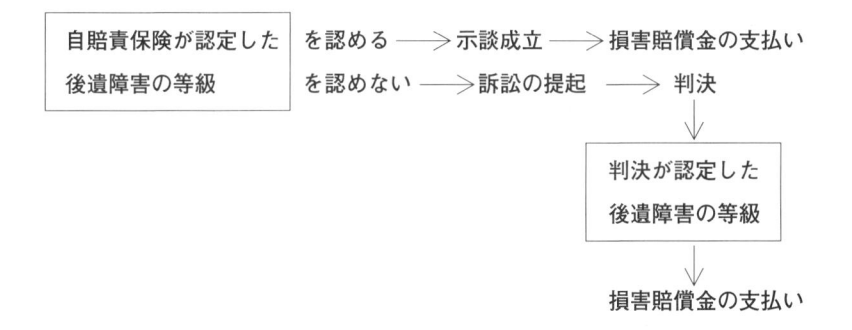

```
                    を認める ──→ 示談成立 ──→ 損害賠償金の支払い
自賠責保険が認定した
後遺障害の等級
                    を認めない ──→ 訴訟の提起 ──→ 判決
                                                    ↓
                                            判決が認定した
                                            後遺障害の等級
                                                    ↓
                                            損害賠償金の支払い
```

まず、自賠責保険（または任意保険の事前認定）による後遺障害等級認定が行われます。ただし、後遺障害等級の有無および障害が認められる場合の等

125

Q 32　逸失利益算定の労働能力喪失率

級認定は、**損害保険料率算出機構**（以下「損保料率機構」といいます。）が実質的に行うものとされています（Q45参照）。

次に、認定された後遺障害等級に従って、労働能力の喪失率を決定します。この場合、被害者と任意保険が示談交渉を通じて話合いで事件を解決する場合、自賠法16条の3が定める**支払基準**の示す**労働能力喪失率表**に従って解決されることが多いといえます。

しかし、労働能力喪失率をめぐって、事故当事者間の話合いがまとまらないときは、裁判によって決着させるほかありません（Q56参照）。その場合、裁判所は、当事者の主張立証に基づいて、**判決**によって妥当な労働能力喪失率を認定します（なお、**裁判上の和解**といって、裁判所が示した和解案を当事者が了解することによって、紛争が解決される場合もしばしばあります。）。

(2) 労働能力喪失率の本質

後遺障害によって、労働能力がどれほど喪失したかを認定するに当たっては、種々の考え方があります。

基本的な考え方は、**差額説**です。これは、事故がなかったならば存在したであろう被害者の財産状態と、現実の被害者の財産状態を比較し、その差額を逸失利益としてとらえる立場です（最判昭39・1・28民集18・1・136）。

これに対し、労働能力の喪失自体を財産上の損害としてとらえる立場があります。これを**労働能力喪失説**といいます。裁判実務は、労働能力喪失説を基本として運用されていると考えられます。

(3) 労働能力喪失率が特に問題とされる職業

　(a) 問題の所在

自賠責保険によって後遺障害等級が認定されたにもかかわらず、事故前と事故後を比較して収入の減少がみられない場合（減収がない場合）に、逸失利益を否定しようとする考え方があります（裁判になった場合、加害者側つまり損保会社側に立つ弁護士は、必ずといってよいほどこのような主張を行います。）。

特に、**公務員**の場合は、公務員法上の身分保障がありますから、事故である程度の重さの後遺障害が残ったとしても、それが原因で直ちに解雇された

り、あるいは給与を減らされたりすることは、原則的に考えにくいといえます。しかし、現時点において収入の減少が認められないという理由で逸失利益を否定する立場は、不当なものであって容認できません。

(b) **逸失利益を認める根拠**

事故前と事故後を比較して、仮に収入の減少がなくとも、逸失利益を認めることができるとする立場の根拠は、次のようなものです。

第1に、被害者に逸失利益という損害が発生するかどうかは、現実に67歳までの長期間を経過してみないと客観的に明らかとはなりません。事故前と事故後の僅か数年間だけを比較して、長期間にわたる収入の減少がないと結論付けることはできないはずです。

第2に、事故後に収入の減少がないのは、被害者本人が仕事に悪影響が生じないように努力をしていた結果であって、仮に努力を怠っていた場合には収入の減少が生じていた可能性が高いという場合もあり得ます。したがって、現実に収入の減少がなくても逸失利益を肯定するべきです。

第3に、現在の勤務先を退職して将来は転職する可能性がある場合、転職しようとした際に、後遺障害の存在が原因で不採用となる可能性があります。その場合、収入は途絶えることになります。仮に転職先が見つかったとしても、現在よりも労働条件の悪い会社に就職せざるを得なくなることも十分にあり得ることです。

第4に、逸失利益を考える場合、通常は、会社に雇用されているとき、あるいは自分で自営業を営むときなどに生ずる、仕事上の支障ないし能率低下を問題とします。しかし、後遺障害は、同時に家事労働能力も減少させることは疑いありませんから、被害者が現在の職場を離れて家事従事者となった場合においては、家事労働能力の減少分を、逸失利益として補償する必要が生じます。

【判例】

① 被害者（女性・症状固定時51歳・自賠責保険の障害等級併合8級）は、事故当時、県立養護学校の教師であったが、減収がないとしても、60歳までの9年間は併合8級の45パーセントの約7割に相当する30パーセン

Q 32　逸失利益算定の労働能力喪失率

トの、また、60歳以降は45パーセントの労働能力喪失をそれぞれ認めた事例（名古屋地判平15・9・19交民36・5・1304）

② 被害者（男性・症状固定時30歳・自賠責保険の障害等級併合12級）は、事故当時、市役所に勤務する現業公務員であったが、減収がないとしても、労働能力喪失率14パーセントを認めた事例（神戸地判平18・12・22交民39・6・1775）

③ 被害者（男性・症状固定時31歳・自賠責保険の障害等級11級7号）は、事故当時、税務署に勤務する税務職員であったが、減収がないとしても、労働能力喪失率14パーセントを認めた事例（名古屋地判平22・7・2交民43・4・835）

④ 被害者（男性・症状固定時44歳・自賠責保険の障害等級併合4級）は、事故当時、警察官であったが、減収がないとしても、併合4級の労働能力喪失率（92パーセント）から、過去に生じた既存障害の労働能力喪失率（35パーセント）を控除した、労働能力喪失率57パーセントを認めた事例（京都地判平22・12・9交民43・6・1637）

⑤ 被害者（男性・症状固定時27歳・自賠責保険の障害等級併合7級）は、事故当時、県庁に勤務する事務職の公務員であったが、減収がないとしても、労働能力喪失率40パーセントを認めた事例（名古屋高判平24・3・29公刊物未掲載）

(4) 労働能力喪失率が問題となる障害

裁判実務において、労働能力喪失率がしばしば問題とされる障害としては、次のようなものがあります。そこで、これらのテーマについて、順次取り上げることとします。

① CRPS（RSD）→Q33
② 高次脳機能障害→Q34
③ 変形障害・短縮障害→Q35

Q33 CRPS（RSD）

設問 私は、散歩中に車に衝突されて転倒したのが原因でCRPS（RSD）に罹ってしまいました。そこで、自賠責保険に対し後遺障害の等級認定の申請をしましたが、7級という等級しか付きませんでした。しかし、私は、常に右上肢および右下肢に強い痛みがあり、家ではほとんど寝た切りの生活を送っています。裁判で争った場合に、障害等級が重く変更されることはあるでしょうか？

A 自賠責保険では、認定される後遺障害等級に限界があり、CRPSの場合は、最高等級が7級とされています。しかし、訴訟を通じて裁判所が後遺障害の等級認定を行う場合には、そのような制限はありませんので、より重い等級が認定される可能性があります。

解説

(1) CRPSとは

CRPSとは、**複合性局所疼痛症候群**（complex regional pain syndrome）をいいます。CRPSは、かつては**RSD**（反射性交感神経性ジストロフィー。reflex sympathetic dystrophy）ともいわれていました。

その特徴は、仮にささいな怪我であっても、予想もつかないような強い疼痛が生じ、その他日常生活を送る上で深刻な障害が生じることにあります。しかし、CRPSについては、いまだ治療法が確立されていません。

その後、**国際疼痛学会**は、1994年にCRPSの診断基準を提唱し、さらに、2005年には新しい診断基準を提唱しました。1994年の診断基準では、神経損傷の有無によってtype 1とtype 2に分けられていましたが、2005年の診断基準では、その区別がなくなりました。これらの病態が同じであることから、両者をあえて区別する必要がないと考えられたためです（小川節郎・ペイン

Q 33 CRPS（RSD）

クリニック Vol. 29・95頁）。

(2) **CRPS の診断基準**
 (a) **世界疼痛学会の2005年診断基準**

前記のとおり、国際疼痛学会が提唱した最新の診断基準は、2005年のものです。臨床目的の場合と研究目的の場合で、要求される診断基準にやや違いがありますが、基準となる徴候は、次のとおりです。

① 感覚障害
② 血管運動障害
③ 浮腫・発汗機能障害
④ 運動栄養障害

の4項目です。

そして、臨床目的の診断基準は、これら4項目のうちで、いずれか3項目以上のそれぞれについて1個以上の symptom（自覚的症状）を含み、かつ、いずれか2項目以上に1個以上の sign（他覚的症状）を含むこと、とされています。また、研究目的の診断基準は、これら4項目のすべてにおいて1個以上の symptom（自覚的症状）を含み、かつ、いずれか2項目以上に1個以上の sign（他覚的症状）を含むこと、とされています（前掲小川97頁）。

 (b) **厚生労働省 CRPS 研究班が提唱する CRPS 判定指標**

厚生労働省CRPS研究班は、2008年4月に **CRPS 判定指標** を提唱しました。それによりますと、次のようになります（AおよびBの双方の要件を満たす必要があります。）。

 (i) **臨床用 CRPS 判定指標**

A　病期のいずれかの時期に、以下の自覚症状のうち2項目以上該当すること。ただし、それぞれの項目内のいずれかの症状を満たせばよい。

1　皮膚・爪・毛のうち、いずれかに萎縮性変化
2　関節可動域制限
3　持続性ないしは不釣合いな痛み、しびれたような針で刺すような痛み（患者が自発的に述べる）、知覚過敏
4　発汗の亢進ないしは低下

5　浮腫

B　診察時において、以下の他覚所見の項目を2項目以上該当すること。

　1　皮膚・爪・毛のうち、いずれかに萎縮性変化
　2　関節可動域制限
　3　アロディニア（触刺激ないしは熱刺激による）ないしは痛覚過敏（ピンプリック）
　4　発汗の亢進ないしは低下
　5　浮腫

(ii)　研究用CRPS判定指標

A　病期のいずれかの時期に、以下の自覚症状のうち3項目以上該当すること。ただし、それぞれの項目内のいずれかの症状を満たせばよい。

　1　皮膚・爪・毛のうち、いずれかに萎縮性変化
　2　関節可動域制限
　3　持続性ないしは不釣合いな痛み、しびれたような針で刺すような痛み（患者が自発的に述べる）、知覚過敏
　4　発汗の亢進ないしは低下
　5　浮腫

B　診察時において、以下の他覚所見の項目を3項目以上該当すること。

　1　皮膚・爪・毛のうち、いずれかに萎縮性変化
　2　関節可動域制限
　3　アロディニア（触刺激ないしは熱刺激による）ないしは痛覚過敏（ピンプリック）
　4　発汗の亢進ないしは低下
　5　浮腫

(3)　CRPSによる後遺障害等級認定

(a)　自賠責保険による後遺障害等級認定

　交通事故による受傷が原因となって被害者にCRPSが発症し、後遺障害が残った場合、自賠責保険によって後遺障害の等級認定を受けることができま

Q 33 CRPS (RSD)

す（Q45参照）。

ただし、ここでは二つの問題があります。

(i) **CRPS（RSD）の認定要件**

被害者に生じた傷病がCRPS（RSD）であると認められるための要件ですが、自賠責保険における後遺障害等級の認定は、労災保険法における障害等級認定基準に準じて行われます。

それによれば、障害が生じているとされる部位について、①関節拘縮、②骨萎縮、③皮膚の変化（皮膚温の変化・皮膚の萎縮）の三つについて、明らかな所見がある場合に限ってCRPS（RSD）の認定が可能とされています。反面、これらの所見を欠くものについては、CRPS（RSD）の認定は行われません。その場合、単なる疼痛を伴う傷病という評価になります。

(ii) **後遺障害等級認定の限界**

また、仮に被害者の傷病名がCRPS（RSD）であると認定されたとしても、認定される後遺障害の等級には一定の限界があります。それは、上記のとおり、自賠責保険における等級認定は、原則として、労災保険法における障害等級認定基準に準じて行うものとされているためです。自賠責保険＝労災保険の認定基準によれば、CRPS（RSD）による後遺障害の等級については、7級、9級または12級の三つに限定されていますから、これ以外の等級認定がされることはありません。

(b) **裁判所による後遺障害等級認定**

これに対し、被害者が、加害者に対し訴訟を提起し、適正な後遺障害の等級認定を求めようとする場合は、上記のような制限は、原則的にありません。裁判所は、法と証拠に基づいて、被害者について、適正な後遺障害等級を認定することができます（最判平18・3・30民集60・3・1242）。

したがって、例えば、あるCRPSの被害者について、自賠責保険としては最上位の（最も重い）等級である7級を認定しているため、これ以上の障害等級は認定できない、という立場を明らかにしていたとしても、裁判所としては、例えば、障害等級5級を認定することも可能ということになります（Q32参照）。

なお、下級審判例の中には、被害者が訴える症状について、これをRSDと認定するためには客観的基準が必要であるとした上で、前記自賠責保険のRSD認定のための3要件を充足することが必要である、とするものもありますが（大阪地判平21・4・9交民42・2・534）、不合理な判決というほかありません。なお、同判決は、「RSDと認定できない以上、原告の症状を医学的に説明することは困難ではあるものの、単なる故意の誇張ではないと認められることに照らせば、後遺障害等級14級9号には該当すると認めるのが相当である」としています。したがって、本例は、仮に別の診断基準を採用しても、もともとCRPSつまりRSDの判定を受けられたのかどうか疑わしい事例であったと推測されます。

(4)　素因減額の主張の不当性

　CRPSの患者となった被害者に対し、加害者側（損保会社）から、しばしば素因減額の主張が出されることがあります（Q40参照）。具体的には、精神疾患に相当する傷病名を被害者に付けた上で、CRPSを発症したのは元来被害者にCRPSを発症しやすい精神的素因（心因的素因）があったからであると結論付け、よって素因減額を要する、とするワンパターンが多いといえます。

　しかし、このような論法に正当性が認められることは少ないといえます。それは、CRPSの発症原因が、現時点では解明されていないためです。また、多くの場合、CRPSを生じた患者は、長期間にわたる高度の疼痛などのために心身に多大のストレスを受ける結果、精神的な傷病（例えば、転換性障害がこれに当たります。）が生ずることは、むしろ自然の成行きとも考えられるからです（要するに、当人のみならず誰にでも生じ得るものである、ということです。）。

　したがって、医学的にみて、被害者の持って生まれた身体的・精神的な素因が、同人のCRPSの発症に関与していたことを加害者側が確実に立証できる場合を除き、素因減額は、そもそも主張として持ち出すこと自体に無理があるというべきです（これに関連して、加害者側から多額の報酬を受けて、被害者に、ことさら不利な医学的意見書＜私的鑑定書＞を書くことを副業とする一部

Q 33 CRPS（RSD）

の医師の姿勢には問題があります。）。

　下級審判例の中には、同様の思考方法をとるものがあります。すなわち、神戸地裁判決は、「前記認定のとおり、本件事故前の原告の身体は健常であったが、前記認定の後遺障害が残ったこと、そもそも原告の前記症状が転換性障害、身体表現性疼痛障害に当たるものといいうるか疑問があること、原告には、本件事故により激しい疼痛が生じており、かつ疼痛が長期にわたり継続し、治療の効果が生じないことが原告の心身に影響を与えていることも考えられ、その心的ストレスによって、心身医学的な治療の必要が生じているということもできることなどを考慮すれば、被告の素因減額の主張は採用することができない」としました（神戸地判平22・12・7交民43・6・1587）。

　【判例】

　①　被害者（男性・症状固定時36歳・技師）について、自賠責保険で後遺障害等級12級12号の認定を受けたが、同人が疼痛を除去・緩和するために受けていた治療の内容から、症状固定時におけるRSDの疼痛の程度は、もはや通常の労務に服することができる程度を超えていたとして、労働能力喪失率を56パーセントとした事例（東京地判平19・7・23交民40・4・919）

　②　被害者（女性・症状固定時43歳・兼業主婦）について、加害者側が、労災保険ないし自賠責保険の認定基準によれば、①関節拘縮、②骨萎縮、③皮膚の変化（皮膚温の変化・皮膚の萎縮）という主要な三つの症状が明らかに認められることが必要と主張したのに対し、交通事故の被害者の診断においては臨床目的に代えて研究目的の診断基準の適用を論じることは有益ではなく、また、被害者の迅速な救済のために定型的な基準を必要とする労災保険ないし自賠責保険の認定とは異なり、訴訟上の判断はそれに拘束されないとして、国際疼痛学会が平成17年（2005年）に作成した臨床目的の診断基準を適用してRSDの発症を認めた上で、労働能力喪失率を27パーセントとした事例（東京地判平20・3・18交民41・2・355）

③　被害者（女性・事故時20歳・地方公務員）について、RSDの診断基準としては、何らかの外傷に加え、遷延する炎症、持続痛（灼熱痛）、腫脹、局部の発赤、発汗過多、組織萎縮ないし廃用性萎縮、皮膚温低下または関節の拘縮のうちのいくつかの症状が鑑別できることとされているとした上で、同女には、本件事故による外傷後、局所の炎症の遷延、疼痛および腫脹の持続、関節の拘縮、感覚障害・感覚過敏の存在、皮膚の温度差、浮腫、筋力低下およびジストニア（筋失調症）が存在したと推定されることから、RSDの発症を認めた事例（大阪地判平21・7・30交民42・4・955）

④　被害者（女性・症状固定時53歳・ラーメン製造販売業者）について、RSDの診断基準とされている関節拘縮、骨萎縮および皮膚の変化（皮膚温の変化・皮膚の萎縮）のいずれの症状も認められないとして、RSDの発症を否定した事例（東京地判平21・9・18交民42・5・1205）

⑤　被害者（女性・症状固定時23歳・専業主婦）について、RSDと認定するためには自賠責保険上の三要件（①関節拘縮、②骨萎縮、③皮膚変化（栄養障害・温度））を充足することが必要であるとした上で、本件は②および③の要件を欠くが、2008年の日本版CRPS判定指標に定められている自覚症状のうちの2項目および他覚症状のうちの2項目までは充足し、臨床用の判定指標は満たしているものであって、高い確率でCRPSと診断できるという医学的意見に鑑み、自賠法上のRSD認定には至らなくても頑固な神経症状（後遺障害等級12級）には該当するとした事例（大阪地判平22・11・25交民43・6・1512）

⑥　被害者（女性・症状固定時29歳・兼業主婦）について、同人の治療経過、国際疼痛学会のCRPSの診断基準およびギボンズのRSDスコアーを満たしていること、同人の担当医も同人がRSD・CRPSに罹患したことを認めていること、事故前には同人についてCRPS発症の体質的素因がなかったことから、後遺障害等級10級に該当すると認めた事例（神戸地判平22・12・7交民43・6・1587）

Q34　脳外傷による高次脳機能障害

設問　交通事故で頭部外傷を受けた場合に、しばしば高次脳機能障害が発生すると聞きました。高次脳機能障害とは、どのようなものをいいますか？

A　高次脳機能障害とは、事故後に現れる認知障害、行動障害および人格障害を典型的な症状とする脳機能の障害をいいます。

解説

(1)　**高次脳機能障害とは**

　脳外傷による**高次脳機能障害**とは、交通事故によって脳が損傷され、そのため、いろいろな障害が生じることをいいます。

　例えば、**認知障害**（物を記憶できない、注意力が低下したなどの障害をいいます。）、**行動障害**（周囲の状況をみて適切に行動することができない、社会のルールを守れない、危険を予測して回避行動をとれないなどの障害をいいます。）、**人格障害**（自発性の低下、無気力、すぐに怒る、自己中心的になるなどの障害をいいます。）等の障害が出るといわれています（損保料率機構・平成23年3月4日「自賠責保険における高次脳機能障害認定システムの充実について（報告書）」10頁）。

　また、高次脳機能障害者自身には、自分が高次脳機能障害に罹っているという意識（病識）が希薄である傾向がある、ともいわれています。

(2)　**高次脳機能障害の有無の判定**

　高次脳機能障害が生じたかどうかの判定に当たっては、次のような点が重要ポイントになるとされています。

　(a)　**意識障害の有無**

　脳外傷（脳の器質的損傷があるもの）による高次脳機能障害は、意識喪失を伴うような頭部外傷後に起こりやすいとされています（前掲報告書11頁）。

意識障害のレベルを測定する方法として、**JCS**（ジャパン・コーマ・スケール）および**GCS**（グラスゴー・コーマ・スケール）があります。具体的には、頭部外傷後の意識障害（半昏睡～昏睡で開眼・応答しない状態：JCSが3桁、GCSが8点以下）が少なくとも6時間以上、または健忘症あるいは軽度意識障害（JCSが2桁～1桁、GCSが13点から14点）が少なくとも1週間以上続いた、という事実が重要であるとされています（前掲報告書16頁）。

この点について、自賠責保険は、主治医作成の各種診断書のほか、「頭部外傷後の意識障害についての所見」によって判断するとしています。

(b) **画像所見**

頭部画像（CT、MRI）検査の結果、脳の器質的損傷が認められる場合は、その画像が一つの根拠となり得ます。しかし、**びまん性軸索損傷**（脳の広範囲にわたる器質的損傷を指します。なお、軸索とは、脳神経細胞から伸びる神経線維を指します。したがって、びまん性軸索損傷とは、軸索が事故を原因とする外力で切断されることを意味します。）の場合は、損傷状態が必ずしも画像に写るとは限らない、といわれています。

そして、損傷した脳は、通常は萎縮してゆきますが、その萎縮に伴って脳室が拡大する現象がみられます。そこで、事故後、少なくとも3か月以内の期間における脳室拡大の有無をみれば、びまん性軸索損傷の有無が分かることになります。

(c) **高次脳機能障害を疑わせる症状の有無**

事故被害者について、高次脳機能障害を疑わせるような症状（認知障害、行動障害、人格障害等）が、傷病の治療中または症状固定後に生じていないかどうかの事実も重要です。

この場合、主治医による「神経系統の障害に関する医学的意見」および家族・介護者による「日常生活状況報告」に記載された事実も重要となります。自賠責保険が、被害者の後遺障害等級を認定するに当たって、これらの書類は、重い意味を持つと考えられます。

このほかにも、各種の心理検査の結果などが参考とされます。心理検査の種類ですが、代表的なものとして、**ウェクスラー知能検査**の成人版（WAIS-

Ⅲ＜ウェイス・スリー＞。なお、WAIS-Rは、かつては多用されていましたが、現在ではWAIS-Ⅲが主流となっています。）や同じく年少者用のWISC-Ⅲ（ウィスク・スリー）などがあります。

(3) 高次脳機能障害の等級判断

(a) 問題点の所在

高次脳機能障害を負った被害者について、その後遺障害の有無および障害等級を判断する機関は、損保料率機構です。

損保料率機構が、相当の根拠に基づいてその判断を示すことによって、自賠責保険または任意保険が、具体的に損害賠償額（または損害賠償金）を被害者に対して支払う準備体制が整います。

ただし、損保料率機構が、高次脳機能障害における後遺障害の等級（労働能力の喪失割合）を適正に決定することは、必ずしも容易とはいえません。それは、高次脳機能障害という後遺障害が、前記のとおり多様な障害を呈するためです。多様な障害のうち、いずれを特に重視するのか、あるいは全部の障害について同じ比重で評価するのかなどの、いろいろと難しい問題があるためです。

(b) 損保料率機構の考え方

前掲報告書（本問(1)参照）は、次のようにいいます。

「高次脳機能障害者の労働能力を考えるとき、障害認識能力、家庭や職場への適応能力、生活の困難さ、支援の有無など複数の事柄が労働能力に影響を及ぼしていることを理解するべきである。しかし、特に就労を阻害する要因としては、認知障害だけでなく、行動障害および人格変化を原因とした社会的行動障害を重視すべきであって、社会的行動障害があれば労働能力をかなりの程度喪失すると考えるべきである」としています（前掲報告書12頁）。

社会的行動障害（ここでは、行動障害および人格障害を指します。）は、就労という場面において、特に不利益をもたらす蓋然性が高い要素といえます。例えば、リハビリ治療の結果、知能指数だけが平常値にまで回復していたとしても、与えられた仕事に対する意欲がみられず、また、職場における人間関係をうまく保てない状況下では、就労は通常困難であるといえます（仮に

一時的に就労できたとしても、就労が永続しない可能性があります。)。

(c) **自賠責保険と裁判所の判断の乖離**

損保料率機構の判断をベースとする自賠責保険による高次脳機能障害の有無および等級の認定は、同様の事案について、公平かつ迅速な事務処理を第一としますから、被害者に高次脳機能障害の存在を推測させる事実が発生していたとしても、形式的な認定要件を満たさないことを理由に非該当という結果で終わることもあり得ます。

その場合、その結果に納得がいかない被害者においては、裁判所に対し訴訟を提起し、判決によって高次脳機能障害が生じていることを認定してもらうほかありません（もちろん、判決によっては、被害者に高次脳機能障害は生じていないという内容の判断が示されることもあり得ます。しかし、仮にそのような結果で終わったとしても、被害者としては、裁判所も自賠責保険と同じ判断をしたことから、ある程度の納得感が生まれるのではないかと思われます。）。

現に、下級審判例の中には、自賠責保険が非該当とした事案について、高次脳機能障害の発生を認めたものが少なからずあります。

(4) **自賠責保険**

(a) **六段階の等級**

高次脳機能障害は、神経系統の障害といえます。神経系統の障害は、自賠法施行令2条および別表第1・別表第2において、次の六段階に区分されます（「1級・2級・3級・5級・7級・9級」の六つの等級です。）。

ところで、高次脳機能障害の後遺障害等級の認定は、原則として、労災保険障害等級認定基準に準じて行われます（労災サポートセンター・労災補償障害認定必携139頁以下・161頁以下。Q44参照）。具体的には、意思疎通能力、問題解決能力、作業負荷に対する持続力・持久力および社会行動能力の四つの能力の喪失程度によって評価を行うものとされています（なお、障害の程度を例示した高次脳機能障害整理票が、AからFまでの六段階で表示されています。）。また、複数の後遺障害が認められるときは、障害の程度が最も重いものに着目して障害の程度を評価する、としています。

しかし、自賠責保険の場合は、労災保険と異なって、障害等級の認定を受

Q 34　脳外傷による高次脳機能障害

ける対象者は必ずしも労働者とは限りません。また、上記の四つの能力が損なわれた状態が、上記六段階のうち、いずれの段階に該当するかの判断も、必ずしも容易とはいえません。そこで、旧自算会（旧・自動車保険料率算定会）は、既に平成12年12月18日付けの報告書「高次脳機能障害認定システム確立検討委員会」において、自賠責保険で障害等級を認定する際の考え方を提示しています（これが、いわゆる「補足的な考え方」といわれるものです。以下にその内容を示します。）。

(b)　具体的内容

障害等級	障害等級認定基準	補足的な考え方
別表第1 **1級1号**	「神経系統の機能又は精神に著しい障害を残し、常に介護を要するもの」	「身体機能は残存しているが高度の痴呆があるために、生活維持に必要な身の回り動作に全面的介護を要するもの」
別表第1 **2級1号**	「神経系統の機能又は精神に著しい障害を残し、随時介護を要するもの」	「著しい判断力の低下や情動の不安定などがあって、一人で外出することができず、日常の生活範囲は自宅内に限定されている。身体動作的には排泄、食事などの活動を行うことができても、生命維持に必要な身辺動作に、家族からの声掛けや看視を欠かすことができないもの」
別表第2 **3級3号**	「神経系統の機能又は精神に著しい障害を残し、終身労務に服することができないもの」	「自宅周辺を一人で外出できるなど、日常の生活範囲は自宅に限定されていない。また声掛けや、介助なしでも日常の動作を行える。しかし記憶や注意力、新しいことを学習する能力、障害の自己認識、円滑な対人関係維持能力などに著しい障害があって、一般就労が全くできないか、困難なもの」
別表第2 **5級2号**	「神経系統の機能又は精神に著しい障害を残し、特に軽易な労務以外の労	「単純繰り返し作業などに限定すれば、一般就労も可能。ただし新しい作業を学習できなかったり、環境が変わると

140

別表第2 7級4号	「神経系統の機能又は精神に障害を残し、軽易な労務以外の労務に服することができないもの」	「一般就労を維持できるが、作業の手順が悪い、約束を忘れる、ミスが多いなどのことから一般人と同等の作業を行うことができないもの」
別表第2 9級10号	「神経系統の機能又は精神に障害を残し、服することができる労務が相当な程度に制限されるもの」	「一般就労を維持できるが、問題解決能力などに障害が残り、作業効率や作業持続力などに問題があるもの」

(表の上部、前ページから続く行)
| | 「務に服することができないもの」 | 作業を継続できなくなるなどの問題がある。このため一般人に比較して作業能力が著しく制限されており、就労の維持には、職場の理解と援助を欠かすことができないもの」 |

【判例】

① 被害者（女性・症状固定時23歳・小学校事務職員・WAIS-R〈VIQ96・PIQ96・TIQ95〉）は、自賠責保険で、高次脳機能障害により9級10号（自賠責保険の労働能力喪失率35％）が認定されたが、判決で、労働能力喪失率30パーセントが認められた事例（大阪地判平21・1・13交民42・1・19）

② 被害者（女性・症状固定時71歳・主婦）について、自賠責保険で、高次脳機能障害により2級1号（自賠責保険の労働能力喪失率100％）が認定されたが、判決で、労働能力喪失率100パーセントが認められた事例（大阪地判平21・2・16交民42・1・154）

③ 被害者（男性・症状固定時53歳・建築業）について、自賠責保険は高次脳機能障害を認めず、14級（自賠責保険の労働能力喪失率5％）が認定されたが、判決で、後遺障害等級9級・労働能力喪失率35パーセントが認められた事例（大阪高判平21・3・26交民42・2・305）

④ 被害者（女性・症状固定時37歳・専業主婦・WAIS-R〈VIQ86・PIQ95・TIQ89〉）について、判決で、後遺障害等級9級・労働能力喪失

Q 34　脳外傷による高次脳機能障害

率35パーセントが認められた事例（名古屋地判平21・3・27交民42・2・458）

⑤　被害者（男性・症状固定時31歳・会社代表者）について、自賠責保険は高次脳機能障害を認めず非該当としたが、判決で、後遺障害等級併合2級・労働能力喪失率100パーセントが認められた事例（東京地判平21・3・31交民42・2・506）

⑥　被害者（男性・症状固定時33歳・会社員）について、自賠責保険は高次脳機能障害を認めず非該当としたが、判決で、後遺障害等級9級・労働能力喪失率35パーセントが認められた事例（岡山地判平21・4・30交民42・2・596）

⑦　被害者（男性・症状固定時39歳・会社員・イラン人）について、自賠責保険は併合3級（自賠責保険の労働能力喪失率100％）を認めたが（関節可動域制限8級7号、高次脳機能障害5級2号、外貌醜状12級13号、耳鳴り12級、嗅覚減退14級）、判決も、労働能力喪失率100パーセントを認めた事例（東京地判平21・7・23交民42・4・915）

⑧　被害者（男性・症状固定時36歳・陶芸家）について、自賠責保険は併合4級（自賠責保険の労働能力喪失率92％）を認めたが（高次脳機能障害5級2号、複視10級2号）、判決も、労働能力喪失率92パーセントを認めた事例（佐賀地判平21・8・7交民42・4・1010）

⑨　被害者（女性・症状固定時69歳・無職・WAIS-R〈VIQ78・PIQ97・TIQ86〉）について、自賠責保険で、高次脳機能障害により5級2号（自賠責保険の労働能力喪失率79％）が認定されたが、判決も、労働能力喪失率79パーセントを認めた事例（東京地判平22・2・9交民43・1・123）

⑩　被害者（男性・症状固定時50歳・会社員・WAIS-Ⅲ〈VIQ105・PIQ83・TIQ95〉）について、自賠責保険は併合8級（自賠責保険の労働能力喪失率45％）を認めたが（醜状障害現12級14号、視野障害9級3号）、判決で、併合6級（高次脳機能障害は7級4号）・労働能力喪失率67パーセントが認められた事例（東京地判平22・5・13交民43・3・591）

⑪　被害者（男性・症状固定時27歳・会社員）について、自賠責保険は2

級1号（自賠責保険の労働能力喪失率100％）を認めたが、判決も、労働能力喪失率100パーセントを認めた事例（大阪地判平22・5・25交民43・3・665）

⑫　被害者（男児・症状固定時9歳・小学生）について、自賠責保険は併合6級（自賠責保険の労働能力喪失率67％）を認めたが（高次脳機能障害7級4号、眼球障害9級）、判決も、6級・労働能力喪失率67パーセントを認めた事例（名古屋地判平22・11・15交民43・6・1436）

⑬　被害者（男性・症状固定時40歳・会社員・WAIS-Ⅲ〈VIQ101・PIQ72・TIQ87〉）について、自賠責保険・共済紛争処理機構は、高次脳機能障害について1級1号、左肘可動域制限について10級10号、複視について10級2号をそれぞれ認定したが（自賠責保険の労働能力喪失率100％）、判決も、労働能力喪失率100パーセントを認めた事例（東京地判平23・1・20交民44・1・32）

⑭　被害者（女性・症状固定時27歳・アルバイト・WAIS-Ⅲ〈VIQ81・PIQ75・TIQ76〉）について、自賠責保険で、高次脳機能障害により9級10号（自賠責保険の労働能力喪失率35％）ほかが認定されたが、判決で、併合4級・労働能力喪失率92パーセントが認められた事例（千葉地判平23・8・17交民44・4・1053）

⑮　被害者（男性・症状固定時63歳・マンション管理人・WAIS-Ⅲ〈VIQ100・PIQ110・TIQ112〉）について、自賠責保険で、高次脳機能障害により5級2号（自賠責保険の労働能力喪失率79％）が認定されたが、判決で、労働能力喪失率100パーセントが認められた事例（名古屋地判平23・9・16交民44・5・1176）

Q35　変形障害・短縮障害

設問　私は、交通事故で右足に重傷を負いましたが、治療が終わってから左右の足の長さを測定してもらったところ、右足の方が、左足に比べて3センチメートルも短くなっていることが分かりました。後遺障害等級の認定を受けることは可能でしょうか？

A　怪我をした右足の方が、左足に比べて3センチメートル以上短くなっていることから、後遺障害等級10級8号に該当すると考えられます。

解説

(1) 変形障害・短縮障害の等級

　変形障害または**短縮障害**による自賠責保険の後遺障害等級は、次の表のとおりです（なお、変形障害または短縮障害の正確な定義については、労災保険障害等級認定基準を参照してください。Q44参照）。

障害等級	後遺障害の内容	労働能力喪失率
6級5号	脊柱に著しい変形を残すもの	67%
7級9号 10号	1上肢に偽関節を残し、著しい運動障害を残すもの 1下肢に偽関節を残し、著しい運動障害を残すもの	56%
8級5号 8号 9号	1下肢を5センチメートル以上短縮したもの 1上肢に偽関節を残すもの 1下肢に偽関節を残すもの	45%
10級8号	1下肢を3センチメートル以上短縮したもの	27%
11級7号	脊柱に変形を残すもの	20%
12級5号 8号	鎖骨、胸骨、ろく骨、けんこう骨又は骨盤骨に著しい変形を残すもの 長管骨に変形を残すもの	14%

144

| 13級8号 | 1下肢を1センチメートル以上短縮したもの | 9％ |

(2) 変形障害・短縮障害と労働能力喪失率の認定

　変形障害・短縮障害について、被害者は、自賠責保険が示す労働能力喪失率ほどは現実に労働能力を失っていないのではないか、という議論があります。

　例えば、1下肢を1センチメートル短縮した事実が自賠責保険で認定されれば、形式上は労働能力を9パーセント失うとされます。しかし、1下肢が1センチメートル短縮したからといって、普通の人々が普通の生活を送るに当たって、ほとんど支障が生じないのではないか、という疑問を持つ立場がこれに当たります。

　しかし、普通の人々であっても、1センチメートルの脚長差は無視できないというべきです。例えば、仕事を行うために他の場所に移動しようとする際、事故後に脚長差が生じたため、以前よりも疲労感を覚えるということは十分にあり得ることです。また、仕事を離れて私的な活動をする場合においても、いろいろと不便を感じることも予想されます。

　つまり、自賠責保険によって後遺障害が認められる限り、その強弱の程度問題はあるとしても、被害者の労働能力に悪影響を及ぼすものである、と捉えるべきです。したがって、自賠責保険が認定した後遺障害等級から導かれる労働能力喪失率は、原則的に尊重されなければならない、と考えます。

(3) 変形障害の判例

　変形障害に関する参考判例（最近約10年間分）として、次のようなものがあります（ただし、後遺障害の等級および号は、現時点のものに置き換えてあります。）。

番号	裁判所・判決日・出典	自賠責保険の認定内容 （原則的労働能力喪失率）	裁判所が認定した労働能力喪失率
1	東京地判平13・4・11 交民34・2・486	脊柱の変形障害11級7号 （20％）	10％

Q 35　変形障害・短縮障害

2	東京地判平13・10・26交民34・5・1424	鎖骨の変形障害12級5号（14%）	14%
3	東京地判平14・1・29交民35・1・178	肋骨の変形障害12級5号、知覚障害12級13号の併合11級（20%）	20%
4	名古屋地判平15・11・5交民36・6・1453	脊柱の変形障害11級7号（20%）	固定日から10年間14%、その後10%
5	大阪地判平17・12・9交民38・6・1660	右上肢の機能障害5級6号、鎖骨の変形障害12級5号の併合4級（92%）	79%
6	神戸地判平18・11・1交民39・6・1525	脊柱の変形障害11級7号、肩関節の可動域制限12級6号の併合10級（27%）	27%
7	東京地判平18・12・27交民39・6・1788	鎖骨の変形障害12級5号、そしゃく機能障害10級3号、上肢の関節機能障害10級10号の併合9級（35%）	75%
8	大阪地判平20・12・24交民41・6・1664	鎖骨の変形障害12級5号、肩関節の可動域制限10級10号、女子外貌醜状12級14号の併合9級（35%）	45%
9	名古屋地判平21・11・25交民42・6・1562	鎖骨の変形障害12級5号、肩関節の機能障害12級6号、局部の神経症状14級9号の併合11級（20%）	20%
10	京都地判平21・12・16交民42・6・1648	骨盤骨の変形障害12級5号、局部の頑固な神経症状12級13号の併合11級（20%）	14%
11	名古屋地判平22・7・2交民43・4・835	脊柱の変形障害11級7号（20%）	14%
12	大阪地判平22・10・26交民43・5・1324	鎖骨の変形障害12級5号、下肢の醜状障害12級、右足関節機能	30%

146

		障害10級11号、右足指の機能障害11級9号の併合8級（45％）	
13	京都地判平22・12・14 交民43・6・1647	脊柱の変形障害11級7号、局部の神経症状14級9号、局部の神経症状14級9号の併合11級（20％）	20％
14	東京地判平23・6・29 交民44・3・841	長管骨の変形障害12級8号、下肢の醜状障害14級5号の併合12級（14％）	14％
15	京都地判平23・7・1 交民44・4・880	事故による後遺障害は、骨盤骨の変形障害12級、右膝関節の機能障害12級の併合11級（20％）	20％
16	大阪地判平23・7・13 交民44・4・908	脊柱の変形障害11級7号（20％）	固定日から1年間35％、その後20％

(4) 下肢短縮障害の判例

下肢短縮障害に関する参考判例（最近約10年間分）として、次のようなものがあります（ただし、後遺障害の等級および号は、現時点のものに置き換えてあります。）。

番号	裁判所・判決日・出典	自賠責保険の認定内容 （原則的労働能力喪失率）	裁判所が認定した労働能力喪失率
1	千葉地判平16・3・24 交民37・2・405	下肢短縮障害13級8号、肘関節の可動域制限12級6号の併合11級（20％）	18％
2	東京地判平17・11・28 交民38・6・1575	下肢短縮障害13級8号、下肢の機能障害8級7号の併合7級（56％）	45％
3	東京地判平18・4・5 交民39・2・508	下肢短縮障害10級8号、下肢醜状障害14級5号、右膝関節の用廃8級7号の併合7級（56％）	50％

Q 35 変形障害・短縮障害

4	東京地判平18・6・27 交民39・3・883	不明（下肢短縮1.5cm）	5 %
5	大阪地判平19・2・16 交民40・1・228	未認定（下肢短縮障害、股関節の機能障害）	17%
6	神戸地判平19・5・24 交民40・3・678	下肢短縮障害13級8号、股関節の機能障害8級7号、小指の欠損障害が14級6号の併合8級（45%）	45%
7	東京地判平19・7・31 交民40・4・1056	下肢短縮障害、脊柱の変形障害、右手中指および薬指のＰＩＰ関節の可動域制限障害等の併合9級（35%）	35%
8	千葉地判平19・8・31 交民40・4・1137	下肢短縮8級5号、左膝関節の機能障害8級7号、下肢の醜状障害12級相当の併合6級（67%）	固定日から10年間67%、その後10年間56%、その後45%
9	大阪地判平20・9・8 交民41・5・1210	下肢短縮障害13級8号、右足関節の機能障害8級7号、右膝関節の機能障害10級11号、右足趾の機能障害9級15号等の併合5級（79%）	52%
10	東京地判平20・11・12 交民41・6・1448	下肢短縮障害10級8号、右股関節・右膝関節・右足関節の機能障害5級7号の併合4級（92%）	92%
11	東京地判平21・2・26 交民42・1・261	下肢短縮障害8級5号、右足部の挙上不可8級7号、右足趾の可動域制限9級15号等の併合4級（92%）	80%
12	大阪地判平22・1・27 交民43・1・64	不明（下肢短縮1cm、局部の頑固な神経症状）	14%

148

Q36　死亡による逸失利益

設問　私の父親は、ジョギング中に後方から来た車にはねられて死亡しました。死亡による損害には、どのようなものがありますか？また、逸失利益は、どのように算定されますか？

A　死亡事故が発生した場合に生ずる損害としては、死亡による逸失利益、死亡慰謝料、事故から死亡した日までの治療費、葬儀費などが主なものと考えられます。

解説

(1) 死亡による逸失利益

死亡事故による逸失利益は、次のように算定します。

　　基礎収入 ×（1－生活費控除率）× 就労可能年数に対応するライプニッツ係数
　　＝逸失利益

(a) 基礎収入

基礎収入については、被害者が、給与所得者、事業所得者、家事従事者、学生、無職者のいずれに該当するかによって異なります（Q30参照）。

ただし、年少女子については、基礎収入を、女子労働者全年齢平均賃金ではなく、男女計労働者全年齢平均賃金で算定するのが、最近の裁判の主流です。ただし、この場合、生活費控除率は、45パーセントを用いることが多いといえます。

(b) 生活費控除率

死亡による逸失利益を算定する際、その者が将来にわたって稼働するに伴って支出を免れない費用を控除する必要があります。これが**生活費控除**の

Q 36　死亡による逸失利益

問題です。これについては、おおむね次のような基準が採用されています（青い本130頁）。

一家の支柱	30％～40％
女性（女児・主婦を含む）	30％～40％
男性単身者（男児を含む）	50％

(c)　就労可能年数

就労可能年数は、原則として、67歳までです。ただし、中高年者の場合は、死亡時から67歳までの年数と、平均余命の2分の1の年数（小数点以下は切り上げます。）を比較して、より長期の年数を使用します（Q31参照）。

また、未成年者の場合、就労可能年数は、原則として、18歳から67歳までの49年間となります。ただし、未成年者であっても大学生の場合は、大学卒業予定年齢である22歳を就労の始期とします（したがって、22歳から67歳までが就労可能年数となります。）。

(2)　年金の逸失利益性

年金について逸失利益性を認めることができるか、という問題がありますが、最高裁判例は、これを原則的に肯定しています（最判平5・9・21判時1476・120）。

ただし、すべての年金について逸失利益性が認められているわけではありません。**老齢年金**（老後の生活を支える年金）および**障害年金**（重い障害を負った者の生計の維持を目的とする年金）については、逸失利益性が肯定されています（ただし、障害年金の加給分額については、逸失利益性が否定されています。）。

他方、**遺族年金**については、主に受給権者自身の生計の維持を目的とした給付であり、受給権者の婚姻、養子縁組など本人の意思による失権事由が定められていることから、必ずしも確実に存続するものとはいえません。また、受給権者自身が保険料を拠出していないことから、社会保障的性格が濃厚な年金といえます。これらの理由から、遺族年金については、逸失利益性が否定されています（最判平12・11・14判時1732・78）。

なお、年金については、逸失利益性が認められる場合において、生活費控除率が、通常よりも高く設定される傾向があります。

(3) 設例解説

設例1　「甲は、大学を卒業して民間企業で働いていた24歳の独身男性であったが、事故で死亡した。事故前の甲の年収は330万円であった。甲の死亡による逸失利益はいくらか？」

解説1

　甲の事故前の年収は330万円であり、賃金センサス大卒男子・年齢別平均賃金とほぼ同じ金額であることから、生涯を通じて大卒男子・全年齢平均賃金程度の収入（ここでは仮に633万円とします。）を得る蓋然性が認められます。また、労働能力喪失期間は、24歳から67歳までの43年であり、そのライプニッツ係数は17.546です。さらに、甲は独身男性ですから、生活費控除率は、50パーセントと考えることができます。

《計算式》

　633万円 ×（1－0.5）×17.546＝<u>5,553万3,090円</u>（解答）

設例2　「甲は、10歳の男子児童であったが、事故で死亡した。甲の死亡による逸失利益はいくらか？」

解説2

　甲は、死亡時10歳ですから、67歳まで57年間あります。しかし、甲が現実に就労できるのは18歳からと考えられますから、10歳から18歳までの8年間は働けません。そこで、57年のライプニッツ係数である18.7605から、8年のライプニッツ係数6.4632を引きますと、12.297となります。

　また、死亡時の男子労働者全年齢平均賃金を、仮に523万円とします。さらに、生活費控除率は、50パーセントと考えられます。

《計算式》

　523万円 ×（1－0.5）×12.297＝<u>3,215万6,655円</u>（解答）

4 慰謝料

Q 37 慰謝料の意味と種類

設問 交通事故で被害を受けた場合、慰謝料を加害者に請求することができると聞きました。では、どのような場合に請求することができるのか、教えてください。

A 被害者が慰謝料を請求できる場合として、被害者が入通院をしたとき、後遺障害が残ったとき、事故で死亡したとき、の各場合をあげることができます。

解説

(1) **慰謝料とは**

　交通事故によって発生する損害のうち、精神的損害を**慰謝料**といいます。慰謝料は、本来的にその損害の大きさを金銭に換算することが困難であることから、裁判官が、諸般の事情を考慮して、妥当と考える金額を自由に定めることができます。

　しかし、慰謝料額の算定は、原則として、裁判官の自由裁量に任されているとしても、一方、国民は公正・平等な裁判を受ける権利を有しています。したがって、同じような被害者について、訴訟事件を担当する裁判官によって、金額が大きく異なることは好ましいことではありません。

　そこで、事件処理の迅速化および裁判官による裁量権の濫用を抑止するため、実務上は慰謝料額の定額化が推し進められています。

(2) **各種の基準**

(a) **自賠責保険基準**

慰謝料を定める基準として代表的なものは、自賠責保険基準と日弁連基準です。

前者の**自賠責保険基準**とは、自賠法16条の3を受けて規定された「平成13年金融庁・国土交通省告示第1号」が定める基準です。被害者が、加害者側の損保会社と示談交渉する場合、損保会社は、自賠責保険基準とほぼ同じ基準で慰謝料額を算定することが多いといえます（その意味で、自賠責保険基準と損保基準に余り違いはないといえます。）。

自賠責保険基準では、例えば、比較的短期間の通院のみで治療が終わったような場合を除き、慰謝料額は、日弁連基準よりも低額であることが通常です。

(b) **日弁連基準**

これに対し、**日弁連基準**とは、いわゆる**青い本**（交通事故損害賠償額算定基準）や**赤い本**（民事交通事故訴訟・損害賠償額算定基準）と呼ばれる本に掲載されている金額をいいます。例えば、被害者が、日弁連交通事故相談センターに対し、示談のあっ旋を申し出た場合、日弁連交通事故相談センターでは、日弁連基準を適用して慰謝料額を算定します（Q52参照）。

なお、**裁判所基準**という言葉があります。これは、裁判所が裁判を行う際に適用する基準という意味です。しかし、裁判所がその基準を公表したことはありません。

(3) **基準の見方**

慰謝料には、入通院慰謝料、後遺障害慰謝料および死亡慰謝料の三つの種類があります。

```
            ┌─ 入通院慰謝料
慰謝料 ──┼─ 後遺障害慰謝料
            └─ 死亡慰謝料
```

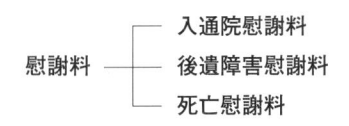

それぞれの慰謝料のうち、入通院慰謝料については、入院期間と通院期間

Q 37　慰謝料の意味と種類

の組合せによって金額を定めます（もちろん、入院だけ、あるいは通院だけの場合は、組合せは問題となりません。）。青い本などに掲げられている入通院慰謝料表には、通常、横軸に入院期間が書いてあり、縦軸に通院期間が書いてありますから、入院期間と通院期間が交差する箇所をみれば、基準となる金額が分かるようになっています。

(4)　**後遺障害慰謝料**

　被害者の心身に後遺障害が残った場合は、**後遺障害慰謝料**が発生します。以下、参考までに青い本の掲げる金額を引用します（青い本143頁参照）。

等級	金　　額	等級	金　　額
1級	2,700～3,100万円	8級	750～870万円
2級	2,300～2,700万円	9級	600～700万円
3級	1,800～2,200万円	10級	480～570万円
4級	1,500～1,800万円	11級	360～430万円
5級	1,300～1,500万円	12級	250～300万円
6級	1,100～1,300万円	13級	160～190万円
7級	900～1,100万円	14級	90～120万円

(5)　**死亡慰謝料**

　被害者が死亡した場合の**死亡慰謝料**についても、参考までに青い本を引用します（青い本150頁参照）。

死亡した者の立場	死　亡　慰　謝　料　額
一家の支柱	2,700～3,100万円
一家の支柱に準ずる場合	2,400～2,700万円
その他の場合	2,000～2,500万円

Q38　慰謝料に関する諸問題

設問　交通事故の被害者に重い後遺障害が残った場合、被害者本人以外の家族にも慰謝料請求権は発生しますか？また、被害者本人が死亡した場合、慰謝料は誰に発生すると考えられますか？

A　交通事故の被害者に重い後遺障害が残った場合、本人はもちろんのこと、本人以外の家族にも慰謝料請求権が発生することがあります。また、被害者が死亡した場合、同人の慰謝料請求権を相続人が相続しますが、別途、近親者の固有の慰謝料請求権が認められることがあります。

解説

(1) 死亡事故の場合

(a) 死亡慰謝料の相続

交通事故によってある人が死亡した場合、同人は、加害者に対する損害賠償請求権としての**慰謝料請求権**を取得します。そして、その者が死亡すると同時に、その相続人が上記慰謝料請求権を相続することになります（最判昭42・11・1民集21・9・2249）。

例えば、甲は、妻乙と子丙の3人で暮らしていたが、交通事故に遭って重傷を負い、それが原因で3日後に死亡したとします。

その場合、甲の下で発生した死亡慰謝料を、甲の相続人である妻乙と子丙が、各2分の1ずつ相続することになります（民900条1号）。仮に慰謝料が3,000万円とした場合、乙と丙は、1,500万円ずつ相続することになります。

(b) 近親者の慰謝料請求権

民法711条は、被害者が死亡した場合に、その被害者の父母、配偶者および子（ここでは、これらの者を「近親者」と呼びます。）の慰謝料請求権を認めています。これを**近親者の固有の慰謝料請求権**といいます。

Q38 慰謝料に関する諸問題

民法711条　「他人の生命を侵害した者は、被害者の父母、配偶者及び子に対しては、その財産権が侵害されなかった場合においても、損害の賠償をしなければならない。」

　ここで、上記条文に含まれていない者について、果たして固有の慰謝料請求権を認めることができるか、という問題を生じます。この点について、最高裁判例は、これを肯定しています（最判昭49・12・17民集28・10・2040）。
　すなわち、「右規定はこれを限定的に解すべきものでなく、文言上同条に該当しない者であっても、被害者との間に同条所定の者と実質的に同視しうべき身分関係が存し、被害者の死亡により甚大な精神的苦痛を受けた者は、同条の類推適用により、加害者に対し直接に固有の慰謝料を請求しうるものと解するのが、相当である」と判示しています。

　【判例】
　①　23歳の男性大学院生の死亡事故の慰謝料として、被害者本人分として2,000万円、また、近親者固有分として両親に各300万円の合計2,600万円を認めた事例（千葉地判平20・3・19交民41・2・364）
　②　31歳の男性会社役員の死亡事故の慰謝料として、被害者本人分として2,800万円、また、近親者固有分として、父親および姉に各100万円の合計3,000万円を認めた事例（大阪地判平21・2・26交民42・1・283）

(2) **重い後遺障害が残った事故の場合**

　事故被害者が死亡するには至っていないが、極めて重い後遺障害を負ったような場合に、同人が後遺障害の慰謝料請求権を有することは当然ですが、同人の近親者についても固有の慰謝料請求権を肯定し得るか、という問題があります。
　これについても最高裁の判例があり、被害者が死亡したときにも比肩し得べき精神的苦痛を受けたときは、近親者は、民法709条および710条に基づいて、自分の権利として慰謝料の請求をすることができるとしています（最判昭33・8・5民集12・12・1901）。

民法710条 「他人の身体、自由若しくは名誉を侵害した場合又は他人の財産権を侵害した場合のいずれであるかを問わず、前条の規定により損害賠償の責任を負う者は、財産以外の損害に対しても、その賠償をしなければならない。」

【判例】

① 被害者（男児・症状固定時3歳）には、事故により1級1号の後遺障害が残ったが、同人の両親は事故により将来の夢を奪われ、同人が死亡した場合にも比肩すべき苦痛を被ったとして、固有の慰謝料を各250万円認めた事例（大阪地判平21・1・28交民42・1・69）

② 被害者（男児・事故時6歳）には、事故により重度の脳機能障害が残ったが、同人が一生他者の介護を必要とする後遺障害を負ったことを知った父親の衝撃は計り知れないとして、固有の慰謝料300万円を認めた事例（名古屋地判平21・3・10交民42・2・371）

③ 被害者（女性・症状固定時53歳）には、事故により2級1号の後遺障害が残ったが、そのことを考慮すれば、近親者についても固有の慰謝料を認めるべきであって、同女の夫および子供（2人）について、各100万円の慰謝料を認めた事例（大阪地判平21・5・19交民42・3・640）

④ 被害者（男性・症状固定時30歳）に、事故により1級1号の後遺障害が残ったことにより、同人の両親は、同人の生命侵害の場合にも比肩し得べき精神的苦痛を受けたとして、固有の慰謝料を各200万円認め、また、同人の姉も同様の精神的苦痛を受けたとして、100万円の固有の慰謝料を認めた事例（大阪地判平23・10・5交民44・5・1270）

(3) **慰謝料の増額事由**

慰謝料の増額事由として、通常、飲酒運転、無免許運転、ひき逃げ、著しい速度違反、信号無視、著しく不誠実な態度などがあげられます。

例えば、過失の重大性・悪質性などを理由に、慰謝料額を基準額から4割増額した判決があります（大阪地判平21・1・30交民42・1・101）。

その他、加害者が、訴訟において客観的にみて過大と評価される過失相殺の主張を行ったことが、正当な権利主張を逸脱するものとして慰謝料の増額

Q 38　慰謝料に関する諸問題

事由とされた判決があります（名古屋地判平21・9・11交民42・5・1194、同判時2065・101）。

【判例】

①　被害者（男性・事故時58歳・自営業）は、ひき逃げ事故によって死亡したが、事故から2か月後に予定されていた同人の子供の結婚式に出席ができなかったことなどの理由から、同人の死亡慰謝料として2,200万円を認め、そのほかに近親者慰謝料として、同人の妻に200万円、2人の子に100万円および120万円を、それぞれ認めた事例（神戸地判平21・10・14交民42・5・1307）

②　被害者（女性・事故時68歳・無職）は、ひき逃げ事故によって死亡したが、同女の遺体が司法解剖されたことなどの事情から、死亡慰謝料として2,500万円を認めた事例（神戸地判平23・9・7交民44・5・1137）

③　被害者（女性）の標準的通院慰謝料は108万円であるが、本件事故は加害者側の一方的過失によるものであること、事故直後に加害者は被害者を罵倒していること、訴訟においても加害者はその責任を否定する主張を行っていることなどの事情から、被害者の精神的苦痛が著しく増幅されたとして、標準的な慰謝料額を2割増額するとした事例（京都地判平23・10・7交民44・5・1328）

第2部 損害賠償の内容と算定方法　5 損害賠償請求権の消滅および減額

5　損害賠償請求権の消滅および減額

Q39　過失相殺

設問　交通事故においては、加害者側から過失相殺の主張が出されることが多いと聞きました。過失相殺とはどのような制度でしょうか？

A　交通事故が発生した場合に、被害者にも落ち度がある場合に、被害者の落ち度と評価される割合について、損害賠償金が減額される制度をいいます。

解説

(1)　**過失相殺とは**

　加害者が不注意によって交通事故を起こし、それによって被害者に損害を与えた場合、加害者が不法行為責任を負うことは当然のことです（Q2参照）。

　しかし、事故が発生したことに関し、加害者に不注意があるのみならず、被害者にも不注意がある場合には、**過失相殺**が適用されて、損害賠償額が減額されることになります（民722条2項）。

> **民法722条第2項**　「被害者に過失があったときは、裁判所は、これを考慮して、損害賠償の額を定めることができる。」

　過失相殺という制度が存在する理由は、当事者間における、損害の公平な分担を実現するためです。

Q 39　過失相殺

例えば、乗用自動車甲が青信号に従って交差点に進入したところ、赤信号を無視して自転車乙が交差点に進入し、その結果、双方の車両が衝突して自転車乙の運転者が負傷した場合、自転車乙の方には著しい不注意が認められます。したがって、このような場合においては、損害の大半が過失相殺によって減額されてもやむを得ないという結論になります（この場合、例えば、乙に90パーセントの過失があるとされれば、損害額の90パーセントが減額されることになります。）。

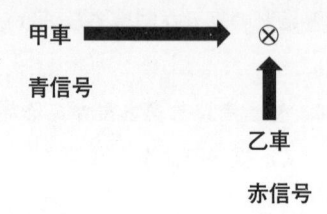

```
甲車  ────────▶  ⊗
青信号             ▲
                  │
                 乙車
                 赤信号
```

　ここで、過失相殺を行うための要件である被害者の不注意とは、民法709条が定める不法行為の成立要件としての不注意である必要はなく、単なる不注意で足ります（通説）。ただし、公平の観点から、過失相殺を行うためには、被害者は**事理弁識能力**（損害の発生を避けるのに必要な注意を払うことができる能力をいいます。）を備えている必要がある、とするのが最高裁の立場です（最判昭39・6・24民集18・5・854）。一般に、6歳から7歳以上の普通の子供であれば、事理弁識能力はあると思われます。

(2)　**過失相殺の基礎知識**
　(a)　**裁判官の自由裁量**
　裁判官が過失相殺を行うかどうか、また、行うとしてもどの程度行うかは、原則的に裁判官の**自由裁量**に委ねられています（最判昭39・9・25民集18・7・1528）。つまり、裁判官は、公平の観念に基づいて適切に過失相殺を行えば足り、その理由をいちいち説明する必要はないとするのが、最高裁の立場です。

　ただし、裁判官が、裁量権を逸脱または濫用した場合には、違法の評価を受けることがあります（最判昭50・10・9裁判集民事116・279）。例えば、断

食療法を受けて死亡した患者の遺族（上告人）が、道場主（被上告人）を訴えた事件で、原審（高等裁判所）が、道場主の過失と患者の過失割合を30対70と判断したのに対し、最高裁は、「原審の定めた被上告人の過失割合は著しく低きにすぎ、右判断は裁量権の範囲を逸脱して違法である」として原判決を破棄しました（最判平2・3・6判時1354・96）。

(b) **過失相殺を基礎付ける事実の主張・立証責任**

過失相殺については、**弁論主義**（事実の主張と証拠の提出を当事者に委ねる考え方をいいます。）の適用はなく、仮に当事者から過失相殺の主張が出ていない場合であっても、裁判所は**職権**によって被害者の過失を斟酌することができるとされています（最判昭41・6・21民集20・5・1078）。

ただし、被害者側に過失があったことを基礎付ける事実の主張および証拠の提出は、賠償義務者（通常は、加害者自身となります。）が負担するとされています（最判昭43・12・24民集22・13・3454）。

(c) **過失相殺に関する当事者間の合意**

事故当事者間で、事故の過失割合に関する合意が成立したとします。その合意を基に損害賠償に関する示談を成立させることは、原則的に有効であると解されます。

他方、当事者の一方が裁判を提起した場合、たとえ過失相殺に関する合意が当事者間で既に成立していて、裁判においてもこの点に関しては当事者間で争いがない場合であっても、裁判官はその合意に拘束されないと解されます（通説）。なぜなら、過失相殺に関する当事者間の合意は、**自白**（相手方の主張する事実を認めることをいいます。）または**権利自白**（相手方の主張する権利または法律効果の存在を認めることをいいます。）には当たらないと考えられるためです。

(3) **過失相殺の基準化**

交通事故の実務の分野では、以前から**過失相殺の基準化**が図られています。例えば、別冊判例タイムズ15号「民事交通訴訟における過失相殺率の認定基準」（判例タイムズ社発行）が、これに当たります。

仮に何も基準がないとしますと、同じような態様の交通事故であっても、

Q 39　過失相殺

　裁判官が異なることによって判断に違いが出ることにもなりかねず、公平な裁判の実現が妨げられるおそれが生じます。また、何も基準がない場合には、事故当事者間で過失割合についての意見の対立が解消せず、そのために紛争の解決が遅延するという弊害も考えられます。

　このような理由から、過失相殺の基準化が促進されてきました。しかし、余りにもこの基準に囚われることは、行き過ぎと考えられます。

　そもそも、過失相殺は、当事者間の公平を実現するための法制度であり、また、過失相殺するか否かは、その割合も含めて裁判官の自由裁量に委ねられています。したがって、裁量権を逸脱・濫用した過剰な過失相殺によって被害者の権利（賠償金額）を不当に減額することは違法となりますが、反対に、被害者に多少の不注意があっても、公平性実現の観点からあえて過失相殺を行わないことは、特に問題とはなり得ず、適法であると解されます。

(4)　被害者側の過失

　過失相殺の適用があるのは、被害者本人だけではありません。被害者と一定の関係に立つ者に過失があった場合は、その者の過失が被害者の過失として評価されます。これを**被害者側の過失**といいます。

　ただし、被害者側に含まれる者を適切に制限しないと、被害者側の範囲が際限なく拡大し、その結果、過失相殺が必要以上に適用されて、被害者本人の権利・利益が不当に害されることになります。そのため、被害者側の者を、「身分上または生活関係上一体をなすとみられる関係にある者」に限定するのが通説・判例の立場です（最判昭51・3・25民集30・2・160）。

　具体的には、夫婦、同居の親子などがこれに当たると考えられます。

　他方、保育園児と保育士、小学生とその教師、婚約中の男女などの場合は、これに当たらないと考えられます。ただし、スナック店長が、スナック経営者を乗せて車を運転中、過失で事故を起こして同経営者に怪我を負わせた事案について、被害者側の過失と認めたものがあります（千葉地判平21・7・14交民42・4・876）。

第2部　損害賠償の内容と算定方法　　5　損害賠償請求権の消滅および減額

Q40　素因減額

設問　私は、昔から腰痛持ちでしたが、1年前に整形外科で診てもらったところ、椎間板ヘルニアとの診断を受けました。ところが、椎間板ヘルニア治療のための通院中に車にはねられて腰部を打ち、再び椎間板ヘルニアという診断を受け、半年後ようやく症状固定しました。ところが、相手方の保険会社の担当者は、「素因減額の必要があるから、賠償金を減額します」といってきました。私のような場合、本当に賠償金は減額されてしまうのでしょうか？

A　素因減額といって、事故から生じた損害の発生または拡大に、被害者の素因が寄与している場合は、賠償額が減額されることがあります。

解説

(1) 素因減額

(a) 素因減額とは

素因減額とは、交通事故から発生した損害について、その発生または拡大に、被害者の素因が寄与していると認められる場合に、当事者間の公平を図るため、加害者の負担すべき損害賠償の範囲を合理的なものに限定する考え方を指します。その素因には、大きく分けると、身体的素因と精神的素因（心因的素因）があると考えられます。

(b) 基本的最高裁判例

身体的素因について、最高裁の平成4年6月25日判決（民集46・4・400）は、「被害者に対する加害行為と被害者のり患していた疾患とがともに原因となって損害が発生した場合において、当該疾患の態様、程度などに照らし、加害者に損害の全部を賠償させるのが公平を失するときは、裁判所は、損害賠償の額を定めるに当たり、民法722条2項の過失相殺の規定を類推適用し

Q 40　素因減額

て、被害者の当該疾患をしんしゃくすることができるものと解するのが相当である」と判示しました。

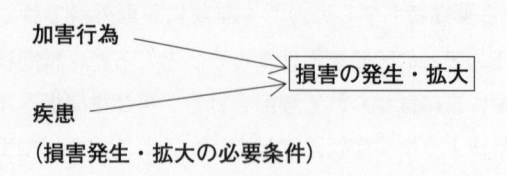

```
            加害行為 ──┐
                       ├─→ 損害の発生・拡大
            疾患 ──────┘
       （損害発生・拡大の必要条件）
```

(2)　その他の最高裁判例

　上記最高裁判例の立場によれば、被害者に**疾患**があって、その疾患が一つの原因となって損害が発生（または拡大）した場合は、その疾患を考慮することができることになります。

　ただし、別の最高裁判例は、疾患が存在する以上、加害行為前に疾患に伴う症状が発現していたか否かは問題とならない、としています（最判平8・10・29交民29・5・1272）。しかし、疾患による症状が被害者に全く出ていなかった場合にまで、素因減額の考え方を持ち込むのは疑問です。

　他方、同じ日に出された最高裁は、疾患にまで至らない**単なる身体的特徴**が、損害の発生・拡大に寄与していたにすぎないときは、賠償額を減額することはできないとしています（最判平8・10・29民集50・9・2474。いわゆる首長事件＜くびながじけん＞）。

(3)　**問題点の整理**

　(a)　**疾患と身体的特徴の区別は必ずしも容易でないこと**

　以上によれば、加害行為前から被害者に存在した身体的状態が、疾患に当たれば素因減額できますが、疾患に当たらない単なる身体的特徴にすぎないときは、素因減額ができないことになります。

```
   疾患 ←──────────────────→ 身体的特徴
 （素因減額可能）              （素因減額不可）
```

しかし、疾患と身体的特徴とは、連続した概念と考えることもでき、これらを明確に区別することは、必ずしも容易ではないと考えられます。

(b) **疾患が損害発生（または拡大）のための必要条件となっていること**

仮に疾患が存在したとしても、素因減額が認められるためには、疾患が加害行為とともに原因となって損害が発生・拡大する必要があります。つまり、疾患がなくても、加害行為のみで損害が発生したと認められる場合は、その疾患は、加害行為と相まって損害を生じさせたものとはいえなくなりますから、疾患の存在をもって素因減額はできないと解されます。

(c) **立証責任を負うのは加害者側であること**

疾患が損害発生（または拡大）のための必要条件であることを立証する責任を負担するのは、加害者側です。

例えば、車が、てんかんの既往症を負っている者に衝突して同人を転倒させ、同人に頭蓋骨骨折を生じさせた結果、その者に高次脳機能障害が生じた場合、加害者側において、既往症であるてんかんが、高次脳機能障害の発生・程度に影響を与えたことを証明する証拠を提出する必要があります。仮にそれを提出することができないときは、裁判所は、てんかんの既往症があったことを理由にして素因減額をすることはできない、ということになります。

(d) **素因減額を行うか否かは裁判官の判断に委ねられること**

仮に事故と疾患とが相まって損害を生じさせたと認められる場合であっても、必ずしも素因減額を行う必要があるとまでは解されません。それは、素因減額の根拠規定として民法722条2項の類推適用があげられているためです。素因減額を行うか否かは、過失相殺の場合と同様、裁判官の自由裁量に委ねられていると解されるからです。

(4) **精神的素因**

精神的素因（心因的素因）についても、やはり最高裁判例は、損害の公平な分担という損害賠償法の理念に照らし、民法722条2項を類推適用して、損害賠償額を減額し得るとしています（最判昭63・4・21民集42・4・243）。

【判例】

Q40　素因減額

①　被害者（男性・事故時32歳・障害等級14級9号）には、事故前から椎間板の狭小化や変形性脊椎症があったとしても、その程度が不明であり、同人の神経症状の発生、悪化に具体的にどれほど寄与したのかは明らかでないとして素因減額を否定した事例（東京地判平22・2・24交民43・1・229）

②　被害者（男性・症状固定時38歳・障害等級12級13号）には、事故前から椎間孔狭窄が存在したが、これは通常の経年的な変化によって生じるものであり、特別な素因とまではいえないとして、後遺障害に関係する損害については減額しないとした事例（名古屋地判平22・3・19交民43・2・419）

③　被害者（女性・症状固定時31歳・障害等級9級10号）について、加害者側が、被害者の性格、両親および職場との関係、加害者の刑事裁判の経過などが被害者の精神障害に影響を与えた旨の記載のあるカルテが存在するから、4割減額すべきであると主張したのに対し、当該カルテの記載から、被害者に損害の拡大に寄与した著しい性格的特徴があると認めることはできないとして、素因減額を否定した事例（さいたま地判平22・9・24交民43・5・1212）

④　被害者（男性・症状固定時49歳・障害等級1級1号）は、事故直後に加害者と会話中に急に倒れたが、搬送先の病院で、くも膜下出血が確認され、また、脳血管造影によって破裂脳動脈瘤が発見されたことから、くも膜下出血は、事故によって被害者が感じたストレスと、事故前から被害者に存在した脳動脈瘤が相まって発症したものと認められるとして、5割の素因減額を行った事例（大阪地判平23・1・27交民44・1・123）

⑤　被害者（女性・症状固定時31歳・障害等級併合14級）に残った頸部痛、右手しびれ、腰痛、右下肢の知覚鈍麻等の症状は、事故前に存在した座骨神経痛及び腰椎椎間板ヘルニアの既往症が、事故による外力で増悪したものと考えるのが相当であるとして、2割の素因減額を行った事例（東京地判平23・2・3交民44・1・197）

第2部 損害賠償の内容と算定方法　5　損害賠償請求権の消滅および減額

Q41　消滅時効

設問　私は、4年前に交通事故に遭い、それ以来治療を継続しましたが、今年になって症状が固定し、先日、自賠責保険で、後遺障害の等級認定を受けることができました。ところで、権利は、行使しないと時効で消滅するとも聞きました。私の損害賠償請求権は、時効消滅していませんか？

A　症状固定日が今年であることから、損害賠償請求権は、時効消滅していないと考えられます。

解説

(1)　消滅時効

(a)　民法の規定

民法724条前段によれば、不法行為による損害賠償請求権は、原則として3年で時効消滅すると定められています。要するに、権利があっても、3年の時効期間が経過するまでに権利を行使しないと、権利が消滅するということです。これを**消滅時効**といいます。

> 民法724条　「不法行為による損害賠償の請求権は、被害者又はその法定代理人が損害及び加害者を知った時から3年間行使しないときは、時効によって消滅する。不法行為の時から20年を経過したときも、同様とする。」

(b)　損害を知った時・加害者を知った時

ここで、「損害を知った時」とは、被害者が損害の発生を現実に認識した時という意味です（最判平元・12・21民集43・12・2209）。例えば、車を運転中に事故に遭って自分の車が破損したことを知った時が、これに当たります。また、「加害者を知った時」とは、損害賠償請求をするべき相手方を知った

167

時という意味です。上記の事例で、事故発生場所において相手方の住所・氏名を確認すれば、その時が、加害者を知った時になります。

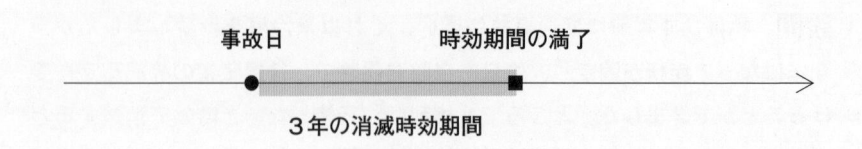

```
            事故日           時効期間の満了
  ―――――――――●■■■■■■■■■■■■■■■■■■■■■■■■■■―――――→
                  ３年の消滅時効期間
```

　また、加害者が、事故後に被害者に対し、治療費、休業損害、慰謝料等を支払った事実があるときは、加害者のそのような行為は、民法上の**債務承認**に当たると解されますから（民147条3号）、それぞれ支払いがあった時点で、時効が中断されることになります。

　なお、自賠法16条の被害者請求権および同15条の加害者請求権の消滅時効については、Ｑ43を参照してください。

(2)　**後遺障害が残存した場合**

　事故から数年が経過して、その時点で後遺障害が残っていることが分かった場合、消滅時効の起算点はいつか、という問題が発生します。

　これについて、最高裁の昭和49年9月26日判決は、「後遺症が顕在化した時が民法724条にいう損害を知った時」に当たるとしました（裁判集民事112・709）。さらに、同平成16年12月24日判決は、「症状固定の診断を受けた時には、本件後遺障害の存在を現実に認識し、加害者に対する賠償請求をすることが事実上可能な状況の下に、それが可能な程度に損害の発生を知ったものというべきである」と判示しました（交民37・6・1529）。したがって、後遺障害が存在する場合は、症状固定日が消滅時効の起算点になる、と解されます。

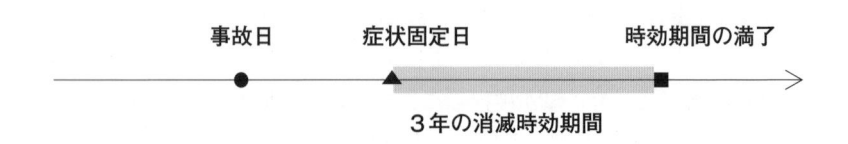

```
         事故日    症状固定日          時効期間の満了
  ―――――――●――――▲■■■■■■■■■■■■■■■■■■■■■―――――→
                          ３年の消滅時効期間
```

第2部　損害賠償の内容と算定方法　5　損害賠償請求権の消滅および減額

Q42　損益相殺

設問　私は、交通事故で負傷した者です。加害者に対し損害賠償請求を行うに当たり、損益相殺をしなければならない給付について教えてください。

A　損益相殺とは、損害賠償の原因と同じ原因によって利益（給付）を受けた場合に、その利益を損害額から控除しなければならないことをいいます。控除する必要のある利益として、**自賠責保険、人身傷害保険、労災保険による給付**などがあります。

解説

(1) **損益相殺**

　(a)　**損益相殺とは**

　被害者が、損害賠償の原因と同一の原因によって利益（給付）を受けた場合、損害から、当該利益を控除することを**損益相殺**といいます。

　損益相殺の根拠として、少なくとも二つのことがあげられています。

　第1に、被害者は、事故による損害の補償を受けることができますが、二重に利得することは許されません。例えば、被害者が、被害者請求によって自賠責保険から75万円の損害賠償額の支払いを受けた場合、その75万円は損益相殺の対象となります。したがって、例えば、被害者の受けた損害が全部で500万円と仮定した場合、500万円から既払金75万円を控除した425万円が、加害者に対して請求できる損害賠償金額となります。

　第2に、損益相殺の根拠として、健康保険組合のような第三者が、被害者に対し、事故を原因とする給付を行った場合、第三者は給付の限度で、被害者の有する損害賠償請求権を代位取得する旨の法律上の定めが設けられている点をあげることができます。

　(b)　**損益相殺の一例**

Q 42　損益相殺

　例えば、事故によって被害者に後遺障害が残存し、加害者に対し合計で3,000万円の損害賠償請求権を有する被害者が、自賠責保険に対し被害者請求を行った結果（Q43参照）、後遺障害等級7級が認定されて、自賠責保険から1,051万円の損害賠償額の支払いを受けた場合、被害者は、加害者に対しいくらを請求することができるでしょうか。

　この場合、全部の損害賠償金額である3,000万円から、自賠責保険から受領した1,051万円を差し引く必要があります。その結果、被害者が加害者に対して請求することができる損害賠償金額は、1,949万円となります。

(2)　損益相殺の対象となるもの
　(a)　各種社会保険
①　**労災保険**の介護補償給付・休業補償給付・障害補償給付（さいたま地判平16・1・16交民37・1・47）・療養給付（神戸地判平18・3・31交民39・2・493）・障害年金（東京地判平19・7・26交民40・4・944）
②　**厚生年金**の遺族年金（最判平16・12・20交民37・6・1489）・障害年金（神戸地判平20・8・26交民41・4・1044）
③　**国民年金**の障害基礎年金（大阪地判平17・12・9交民38・6・1660）
　(b)　将来給付予定の社会保険
　保険給付が、将来において予定されている場合（**将来給付額**）、果たして損益相殺が可能か、という問題があります。この点について、最高裁の判例は、厚生年金または労災保険に基づく保険給付に関し、「政府が保険給付又は災害補償をしたことによって、受給権者の第三者に対する損害賠償請求権が国に移転し、受給権者がこれを失うのは、政府が現実に保険金を給付して損害を塡補したときに限られ、いまだ現実の給付がない以上、たとえ将来にわたり継続して給付されることが確定していても、受給権者は第三者に対し損害賠償の請求をするにあたり、このような将来の給付額を損害額から控除することを要しないと解するのが、相当である」としています（最判昭52・5・27民集31・3・427）。

　なお、これに関連して、地方公務員の遺族年金の受給権者について、将来受給することができる遺族年金を損害額から控除することができるか、とい

う問題について、最高裁は、「支給を受けることが確定した遺族年金の額の限度で、その者が加害者に対して賠償を求め得る損害額からこれを控除すべきものであるが、いまだ支給を受けることが確定していない遺族年金の額についてまで損害額から控除することを要しない」とする立場をとっています（最判平5・3・24民集47・4・3039）。

(c) **社会保険以外のもの**

社会保険以外のもので、損益相殺の対象となるものとしては、次のようなものがあげられます。

① **自賠責保険**（最判昭39・5・12民集18・4・583）**（注）**
② **政府保障事業による塡補金**（金沢地判昭43・10・23交民1・4・1216）
③ **所得補償保険**（最判平元・1・19判時1302・144）
④ **無保険車傷害保険**（名古屋高裁金沢支部平17・5・30交民38・3・635）
⑤ **人身傷害補償保険**（最判平20・10・7交民41・5・1104）

（注）　自賠責保険から支払われた損害賠償額などは、損益相殺の対象となる。これに関連して**確定遅延損害金**というものがある。不法行為による損害賠償債務は、事故発生日から当然に遅滞に陥ると考えられる。そのため、事故発生日から損害賠償金の支払日まで、年5パーセントの遅延損害金（遅延利息）が発生する。同様に、自賠責保険金が、事故から相当期間経過した後に支払われた場合、当該期間に応じた遅延損害金が発生すると解されている（最判平11・10・26交民32・5・1331）。結果として、被害者は、当該金額も加害者に対して請求することが認められている。

(3) **損益相殺の対象とならないもの**

次に掲げるようなものは、損益相殺の対象とならないと考えられています。

① 加害者の支払った**見舞金・香典**（ただし、社会通念からみて金額が大きすぎると考えられる場合は、損害賠償金の一部前払いとみる余地があります。）
② **生命保険金**（最判昭39・9・25民集18・7・1528）
③ **搭乗者傷害保険の死亡保険金**（最判平7・1・30判時1524・48）
④ **生活保護法による給付金**（最判昭46・6・29判時636・28）
⑤ **税金**（最判昭45・7・24判時607・43）

Q 42　損益相殺

⑥　健康保険組合から支給された埋葬料（名古屋判平16・9・8交民37・5・1225）
⑦　**高額医療制度の利用**（東京地判平17・11・28交民38・6・1575）
⑧　**労災保険の特別支給金**（最判平8・2・23民集50・2・249）、同**障害補償給付金**（神戸地判平18・3・31交民39・2・493）
⑨　生命保険の傷害給付金・入院給付金（最判昭55・5・1判時971・102）

(4)　**過失相殺と損益相殺の先後関係**

被害者に対し社会保険給付が行われたが、事故発生について被害者にも過失がある場合、過失相殺と社会保険給付による損益相殺の順番が問題となります。

(a)　**健康保険・厚生年金の場合**

これらの場合は、損益相殺をした後に過失相殺を行うものとされています。例えば、損害額が全部で1,000万円であり、健康保険から100万円の給付があり、被害者の過失が3割であったとした場合、次のような計算となります。

1,000万円－100万円＝900万円。900万円×0.7＝630万円（請求可能額）

(b)　**労災保険の場合**

労災保険については、逆に、過失相殺した後に損益相殺するものとされています（最判平元・4・11判時1312・97）。上記の例にならって計算した場合、次のようになります。

1,000万円×0.7＝700万円。700万円－100万円（労災給付額）＝600万円（請求可能額）

第 3 部

自賠責保険と任意保険

1　自賠責保険

Q43　自賠責保険の基本的仕組み

設問　交通事故に遭って怪我をした場合、自賠責保険を使って補償を受けられるという話をしばしば聞きますが、自賠責保険とは、どのような仕組みになっていますか？

A　自動車を運行の用に供しようとする場合、その自動車は、自賠責保険（または自賠責共済）が締結されたものである必要があります。そして、その自動車の保有者および運転者が、人身事故の被害者に対し損害を賠償する責任を負う場合、自賠責保険を使って損害を賠償することができます。

解　説

(1)　**自賠責保険契約の締結**

　(a)　**自賠責保険の締結（自賠5条）**

　自動車は、**自賠責保険**（または自賠責共済。以下、自賠責共済については、特にそれを表示する必要性のある場合を除き、省略します。）の契約が締結されているものでなければ、これを運行の用に供することができません（自賠5条）。ここでいう「自動車」とは、道路運送車両法2条2項に規定する自動車（ただし、農耕作業の用に供することを目的として製作した小型特殊自動車を除きます。耕耘機がこれに該当します。）および同条3項に規定する原動機付自転車をいいます。

　このように、責任保険契約が締結されていない自動車を運行の用に供することは、刑罰をもって禁止されています（自賠86条の3。1年以下の懲役また

175

Q43　自賠責保険の基本的仕組み

は50万円以下の罰金)。

ただし、一部の自動車については適用を除外されています（自賠10条）。例えば、自衛隊の任務の遂行に必要な自動車がこれに当たります。

また、道路以外の場所のみにおいて運行の用に供される自動車についても適用が除外されています（同条）。例えば、工場の敷地内でのみ使用される作業車がこれに当たります（ただし、その自動車が、工場の外へ出て一般の道路を走行しようとする場合は、当然に自賠責保険の締結が必要となります。)。

(b)　自賠責保険の契約当事者（自賠6条）

自賠責保険の契約当事者は、保険契約者と保険会社です。

保険契約者の資格については、特に制限はないと解されますが、通常は、自動車の所有者が保険契約を締結することが多いと考えられます。

他方、**保険会社**は、保険業法2条4項に規定する損害保険会社または同条9項に規定する外国損害保険会社等で、責任保険の引受けを行うものをいいます（自賠6条1項）。

(c)　自賠責保険契約の成立（自賠11条）

自賠責保険の契約は、自賠法3条による保有者の損害賠償責任が発生した場合に、これによる保有者の損害を保険会社が塡補することを約束し、保険契約者が、保険会社に対し保険料を支払うことを約束することによって効力を生じます（諾成契約）。

また、運転者の損害については、保有者の損害賠償責任が発生した場合に限り、保険会社が塡補してくれます（Q14参照）。このように、自賠責保険の被保険者は、保有者および運転者となります。

(d)　保険会社の引受義務（自賠24条）

自賠責保険については、保険会社に**引受義務**（締結義務）が課されています（自賠24条）。すなわち、自賠法24条1項は、「保険会社は、政令で定める正当な理由がある場合を除き、責任保険の契約の締結を拒絶してはならない。」としています。したがって、政令で定める正当な理由があれば、自賠責保険の引受義務が免除されます。

そして、自賠法施行令11条3号は、保険料の支払いの提供がないことを正

176

当事由の一つと定めていますから、保険料の支払提供のない自賠責保険契約締結の申込みは、実際問題として受け付けられていません。

なお、自賠法12条は、「責任保険の契約は、自動車1両ごとに締結しなければならない。」と規定します。これは、文字通り、自動車1台について一つの責任保険を締結するということです。

仮に1両の自動車について複数の自賠責保険が締結されることがあったとしても（**重複契約**）、締結時期が最も早い契約以外の契約については、免責されます（自賠82条の3第1項。本問(4)参照）。

(2) **保険金の請求**

> 自賠法15条 「被保険者は、被害者に対する損害賠償額について自己が支払をした限度においてのみ、保険会社に対して保険金の支払を請求することができる。」

(a) **加害者請求**

加害者が、被害者に対し損害賠償金を支払った場合、加害者は、自賠責保険に対し保険金の請求をすることができます（自賠15条）。これを**加害者請求**（15条請求）といいます。

例えば、甲が、自家用車を運転中にハンドル操作を誤って、歩行者丙に車を衝突させて丙に怪我を負わせたため、丙は、乙病院で治療を受け、乙病院に対し1万円を治療費として支払ったとします。

この場合、車の保有者である甲には、自賠法3条の運行供用者責任が発生し、甲は、丙に対し損害賠償義務を負うに至ります（Q8参照）。ところで、丙は、乙病院で1万円を支払ったため、1万円の損害が生じていますから、その損害1万円を甲に支払ってもらう権利があります。

丙からの請求に応じて、甲が1万円を丙に支払った場合、甲は自賠責保険に対し、1万円の保険金を請求することができます（Q14参照）。この場合、加害者の支払いを証明する領収書などを添付する必要があります。

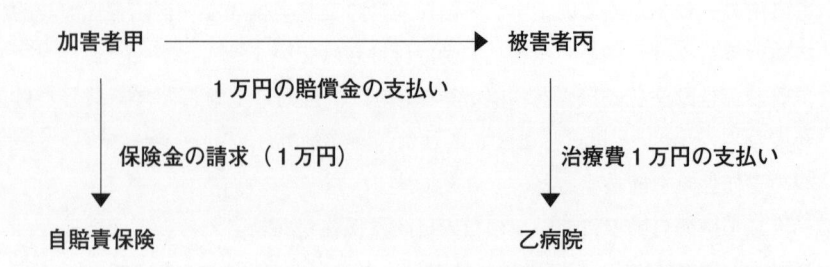

Q 43　自賠責保険の基本的仕組み

```
加害者甲 ──────────→ 被害者丙
          １万円の賠償金の支払い
    │                                    │
保険金の請求（１万円）          治療費１万円の支払い
    ↓                                    ↓
 自賠責保険                           乙病院
```

　同じく、甲が、休業損害として10万円を丙に支払った場合、その10万円を自賠責保険に対し請求することができます。

　具体的な請求方法や必要書類については、自賠責保険に問い合わせれば教えてくれます。なお、「保険金」の支払請求は、通常、自賠責保険に備え付けられている「自賠責保険金等支払請求書」を用いて行います。

(b)　支払基準

　ただし、甲が支払った賠償金について、必ずしもその全部を自賠責保険が認めてくれるということではありません。自賠法16条の３が定める**支払基準**に抵触するもの（合致しないもの）は否定される、つまり、保険金の支払を受けることはできません。

(3)　損害賠償額の請求

　　自賠法16条１項　「第３条の規定による保有者の損害賠償の責任が発生したときは、被害者は、政令で定めるところにより、保険会社に対し、保険金額の限度において、損害賠償額の支払をなすべきことを請求することができる。」
　　２項　「被保険者が被害者に損害の賠償をした場合において、保険会社が被保険者に対してその損害をてん補したときは、保険会社は、そのてん補した金額の限度において、被害者に対する前項の支払の義務を免かれる。」

(a)　被害者請求

　自賠法16条は、**被害者請求**（直接請求）について定めます。被害者請求とは、事故の被害者が、加害者の自賠責保険に対し、自分が受けた損害につい

て直接請求することができるというものです。

そのような権利が被害者に認められている理由は、次のとおりです。本来、事故の損害は、加害者が負担すべきものですが、加害者に誠意がない場合、被害者は早期に損害賠償金の支払いを受けることができず、被害は回復されなくなります。そこで、被害者に、自賠責保険に対する請求権を認めることによって、被害者の救済を目的としたものと解されます。

この点について、「自賠責の被害者請求は、被害者の救済のために設けられた制度であって、その行使が義務付けられているものではない」とした下級審判例があります（大阪地判平23・3・25交民44・2・419）。

この権利の性格について、最高裁は、「被害者が保険会社に対して有する損害賠償請求権であって、保有者の保険金請求権の変形ないしはそれに準ずる権利ではない」としています（最判昭57.1.19民集36・1・1）。

ここでの被害者請求とは、被害者が、加害自動車に付けられている自賠責保険に対し、**損害賠償額**の支払いを求めるものです。

仮に前記の例で、被害者丙が治療費1万円を乙病院に支払った場合、自賠責保険に対し、1万円の損害賠償額の支払を求めることができます。

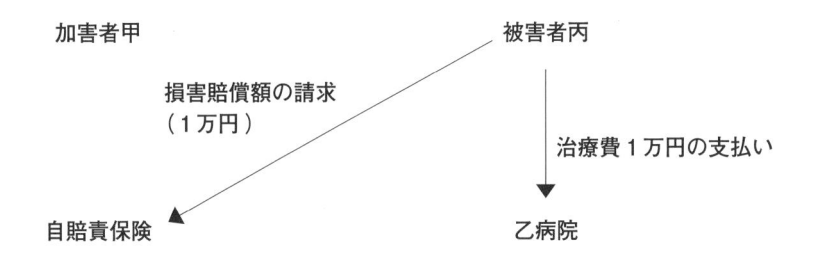

具体的な請求方法や必要書類については、前記加害者請求で説明したことが、ほぼそのまま当てはまります（本問(2)参照）。

なお、後遺障害による損害賠償額の支払請求についても、被害者請求をすることができます（Q45参照）。

(b) 被害者請求と加害者請求の相互関係

同条2項は、加害者が、被害者に対し損害の賠償をした場合に、その損害

179

Q 43　自賠責保険の基本的仕組み

を自賠責保険が塡補したときは、自賠責保険は、塡補した金額の限度で、被害者からの損害賠償額の支払請求義務を免れると規定しています。

これは、上記の例でいえば、加害者甲が、被害者丙に1万円を支払った後、その1万円について、甲が自賠責保険に対し保険金の請求を行い、自賠責保険が1万円を甲に支払うと、塡補された1万円分については、自賠責保険は、損害賠償額を丙に対し支払う必要がなくなるということです。

(4)　**免責**

自賠法14条は、**免責**について定めます。

> 自賠法14条　「保険会社は、第82条の3に規定する場合を除き、保険契約者又は被保険者の悪意によって生じた損害についてのみ、てん補の責めを免れる。」

(a)　**免責要件**

同条は、自賠責保険が免責される場合を、保険契約者または被保険者の**悪意**によって生じた損害に限定しています（なお、自賠法82条の3に規定された場合とは、1台の自動車に複数の自賠責保険が締結されている場合を指します。本問(1)参照)。

例えば、自分が運転する車で通行人を轢き殺そうとした場合や、他人を同乗させたまま、みずから車を崖から転落させたような場合がこれに当たると解されます。これらの場合は、免責となります。

また、これらの行為を行った者は、保険契約者または被保険者でなければなりませんから、これらの者以外の者の悪意は、免責事由に含まれません。

(b)　**被害者請求は可能**

被保険者である加害者が悪意とされても、被害者は、自賠責保険に対し直接請求権を行使することが可能です（自賠16条1項。本問(3)参照)。そして、自賠責保険がこれに応じて、損害賠償額の支払いをした場合、自賠責保険は、政府の保障事業に対し補償を求めることができます（自賠16条4項・72条2項）。

(5)　**時効**

(a) 短期消滅時効

自賠法19条は、**被害者請求権の消滅時効**について規定します。

> **自賠法19条**　「第16条第1項及び第17条第1項の規定による請求権は、3年を経過したときは、時効によって消滅する。」

　自賠法16条1項の被害者請求権は、被害者の早期救済を主たる目的とするものですから、被害者が権利を長期間行使しないままでいると、3年という短期間で権利が時効消滅すると定めたものです（なお、17条1項の請求権とは、「仮渡金」に関する請求権です。）。

　消滅時効の起算点は、通常の民法上の不法行為による損害賠償請求権と同様、損害および加害者を知った時と解されますから（民724条）、原則として、事故発生日から進行を開始することになります（Q41参照）。

　ただし、後遺障害が認められる場合は、症状固定時から起算することになると解されます（東京地判平8.12.26交民29・6・1866）。

(b) 時効の中断

　進行中の時効を中断するには、端的にいえば、被害者請求権を行使すればよいことになります。また、仮渡金の支払請求（または受領）も、時効中断の効力があると解されます（仮渡金は、損害賠償額の一部としての性質を有するからです。）。

　その他、自賠責保険に対し、**時効中断申請書**を提出し、自賠責保険の承認を得ることによって、時効を中断させる方法があります（民147条3号）。

(c) 加害者請求権の消滅時効

　自賠法15条の加害者請求権が発生するのは、加害者が損害賠償金を支払った場合ですから（本問(2)参照）、加害者請求権の消滅時効の起算点は、加害者が被害者に対し損害賠償金を支払った時点と解されます。

Q44　自賠法施行令と支払基準

設問　自賠責保険で受けられる補償金額について、何か基準が設けられていますか？

A　自賠法13条は、責任保険の金額について規定していますが、具体的には政令（自賠法施行令）で定めるものとされています。また、同法16条の3は、支払基準について定めています。

　　解　説

(1)　**自賠法13条**

　自賠法13条1項は、「責任保険の保険金額は、政令で定める。」と規定します。したがって、具体的な保険金額は、政令つまり**自賠法施行令**で定められることが分かります。

　ここで注意すべき点として、三つのものがあります。

　第1点は、自賠法施行令で定められた金額は、上限額を意味するにすぎず、必ずしもその金額が満額支払われるものではない、ということです。

　第2点は、ここでいう保険金額とは、一被害者の一事故当たりの金額を意味しますから、自賠責保険が締結された自動車が、人身事故を起こして自賠責保険から保険金が支払われた後に、同車が再び別の人身事故を起こした場合には、再度、保険金が支払われる、ということです。

　第3点は、ある事故に複数の自動車が関与した場合、それぞれの自動車に自賠責保険が締結されていれば、複数の自動車の自賠責保険を使うことができる、ということです。例えば、3台の自動車が絡む事故で負傷した被害者は、傷害による損害については、360万円の範囲で損害の填補を受けることが可能です（120万円×3台＝360万円）。

(2)　**自賠法施行令**

(a) 保険金の上限額

自賠法13条を受けて、政令である自賠法施行令は、2条1項および別表第1・別表第2において、保険金の上限額を次のように定めています。

内　　容			金　額	根拠条文
死亡による損害			3,000万円	2条1項1号イ
死亡に至るまでの傷害			120万円	2条1項1号ロ
傷害			120万円	2条1項3号イ
介護を要する後遺障害	別表第1	1級 2級	4,000万円 3,000万円	2条1項2号イ
介護を要する後遺障害に至るまでの傷害			120万円	2条1項2号ロ
後遺障害	別表第2	1級 2級 3級 4級 5級 6級 7級 8級 9級 10級 11級 12級 13級 14級	3,000万円 2,590万円 2,219万円 1,889万円 1,574万円 1,296万円 1,051万円 819万円 616万円 461万円 331万円 224万円 139万円 75万円	2条1項3号ヘ

(b) 併合等級

怪我の治療後、労働能力にマイナスの影響を与える心身の状態が残ることがあります。これを**後遺障害**といいます（Q32参照）。

この後遺障害が複数存在する場合、原則として、最も重い後遺障害等級の保険金が支払われることになります（自賠令2条1項3号ホ）。ただし、次のような例外があります。これらを**併合等級**といいます。

① 5級以上の等級に該当する後遺障害が複数存在する場合は、最も重い

障害等級を3級繰り上げ、繰り上げられた等級の保険金額が支払われます（同号ロ）。
② 8級以上の等級に該当する後遺障害が複数存在する場合は、最も重い障害等級を2級繰り上げ、繰り上げられた等級の保険金額が支払われます（同号ハ）。
③ 13級以上の等級に該当する後遺障害が複数存在する場合は、最も重い障害等級を1級繰り上げ、繰り上げられた等級の保険金額が支払われます（同号ニ）。

　ただし、上記③の場合、繰り上げられた等級の保険金額が、複数存在する後遺障害の等級に応じた保険金額を合計した金額を超えるときは、合計した金額が上限額となります（同）。例えば、後遺障害等級として、13級（139万円）と10級（461万円）が存在する場合の保険金額は、9級の616万円ではなく、600万円となります。

(3) 支払基準

　自賠法16条の3は、保険会社は、保険金等を支払う際には、国土交通大臣および内閣総理大臣が定める**支払基準**に従って、これを支払わなければならないと定めます。

　支払基準の具体的内容は、**平成13年金融庁・国土交通省告示第1号**に定められています。その詳細については、資料1を参照してください。

　支払基準は、第1「総則」、第2「傷害による損害」、第3「後遺障害による損害」、第4「死亡による損害」、第5「死亡に至るまでの傷害による損害」、第6「減額」という構成になっています。

　本書では、比較的問題となることが多い点に絞って解説をします。

(a) **治療費**

　治療費については、あらゆる損害項目について、「必要かつ妥当な実費」を原則的に認めるとしています。

(b) **休業損害**

　休業損害が認められるのは、休業による収入の減少があったときです。または、有給休暇を使用したときです。この場合、1日当たり原則として

5,700円が認められます。休業損害の対象となる日数は、実休業日数を基準とし、治療期間の範囲内で認められます。

(c) **傷害慰謝料**

傷害慰謝料は、1日当たり4,200円です。

傷害慰謝料の対象となる日数は、治療期間の範囲内で認められます。

(d) **後遺障害による損害**

後遺障害の等級の認定は、原則として、労働者災害補償保険における障害の等級認定の基準（「**労災保険障害等級認定基準**」労働省昭和50年9月30日基発565号）に準じて行うものとされています。

また、逸失利益および慰謝料についても、基準が定められています。

そのうち、逸失利益については、年間収入に、支払基準別表1記載の労働能力喪失率と就労可能年数のライプニッツ係数を乗じて算出した額とされています。**(注)**

(注) **労働能力喪失率表**は、次のとおりです。

級	喪失率	級	喪失率
1級	100%	8級	45%
2級	100%	9級	35%
3級	100%	10級	27%
4級	92%	11級	20%
5級	79%	12級	14%
6級	67%	13級	9%
7級	56%	14級	5%

(e) **死亡による損害**

死亡による損害は、葬儀費、逸失利益、死亡した本人の慰謝料および遺族の慰謝料の四つとされています。

また、逸失利益についても基準が定められています。

(f) **死亡に至るまでの傷害による損害**

積極損害、休業損害および慰謝料とし、傷害による損害の基準を準用するとしています。

(g) **減額**

Q44 自賠法施行令と支払基準

　被害者に過失がある場合、保険金等が減額されることがあります。被害者に7割以上の過失がある場合、傷害事故については一律2割の減額がされます。

　後遺障害または死亡事故の場合、被害者の過失が7割以上8割未満の場合は2割の減額、同じく8割以上9割未満の場合は3割の減額、同じく9割以上10割未満の場合は5割の減額がされます。

(4) 支払基準と法的拘束力

　支払基準について、最高裁判例は、その法的拘束力を否定しています。すなわち、「法16条の3第1項の規定内容からすると、同項が、保険会社に、支払基準に従って保険金等を支払うことを義務付けた規定であることは明らかであって、支払基準が保険会社以外の者も拘束する旨を規定したものと解することはできない。支払基準は、保険会社が訴訟外で保険金等を支払う場合に従うべき基準にすぎないものというべきである。そうすると、保険会社が訴訟外で保険金等を支払う場合の支払額と訴訟で支払を命じられる額が異なることがあるが、保険会社が訴訟外で保険金等を支払う場合には、公平かつ迅速な保険金等の支払の確保という見地から、保険会社に対して支払基準に従って支払うことを義務付けることに合理性があるのに対し、訴訟においては、当事者の主張立証に基づく個別的な事案ごとの結果の妥当性が尊重されるべきであるから、上記のように額に違いがあるとしても、そのことが不合理であるとはいえない。」としました（最判平18・3・30民集60・3・1242）。

　要するに、裁判所は、支払基準にとらわれることなく、適正な損害賠償額を算定することができる、ということです。

Q45　後遺障害等級の認定手続

設問　交通事故で怪我をしました。その後、怪我の治療に努めましたが後遺障害が残ってしまいました。この場合、どのような手続によって後遺障害等級を認定してもらえますか？

A　認定を求めるための手続としては、大きく二つのものがあります。自賠法16条の被害者請求を行うやり方と、任意保険会社による事前認定を通じて行うやり方です。

解　説

(1)　被害者請求による場合

　被害者請求（直接請求）については前記しましたが（Q43参照）、後遺障害等級認定を求める場合も、基本的には、傷害による損害賠償額の支払いを請求する場合と同様です。

(a)　自賠責保険金等支払請求書の提出

　被害者は、症状が固定した後、主治医に**後遺障害診断書**を作成してもらいます。そして、これにその他の必要書類を添えて、自賠責保険に対し、自賠責保険金等支払請求書を提出します（①）。

　被害者請求を受け付けた自賠責保険は、後遺障害診断書ほかの必要書類を損害料率機構に送ります（ただし、実際に送付する先は、同機構の下部組織に当たる自賠責損害調査事務所です。②）。

(b)　損害賠償額の支払い

　その後、自賠責調査事務所は、請求書類に基づいて、必要な調査を行い、また、必要書類を新たに関係機関から取り付けます。そして、調査が終わるとその結果を自賠責保険に通知します（③）。結果の通知を受けた自賠責保険は、それに基づいて認定された後遺障害等級を、被害者請求をした者に通

Q 45 後遺障害等級の認定手続

知します（④）。また、支払額を決定した上で、被害者請求をした者に対し、損害賠償額を振り込んで支払います。

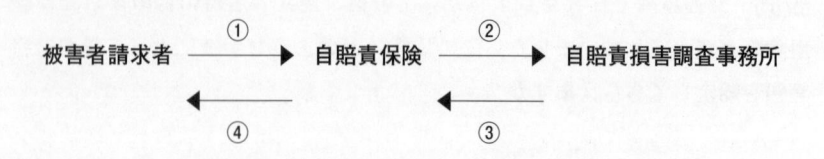

```
被害者請求者 ──①──▶ 自賠責保険 ──②──▶ 自賠責損害調査事務所
         ◀──④──          ◀──③──
```

(c) 被害者請求をする際のポイント

被害者が、被害者請求をする場合、留意すべき点があります。

第1点は、被害者請求を被害者だけで行うべきか否かという点です。自分だけで行うこともちろんできますが、最初から適正な障害等級認定が受けられるようにするためには、交通事故賠償問題について専門的知識がある弁護士に委任して行う方が好ましいといえます（Q55参照）。

第2点は、**異議申立**についてです。後遺障害等級の認定結果の通知を受けた被害者は、その結果に不満があるときは、異議申立をすることができます。しかし、異議申立が認められるためには、それなりの証拠を添えて異議申立をする必要があります。弁護士に委任をしておけば、異議申立についても、適切な内容で申立書を作成してもらえます。

(2) 事前認定による場合

(a) 一括払いとは

交通事故が発生した場合、多くの場合、加害者側が任意保険（自動車保険）契約を締結していると考えられます。その場合、被害者が賠償問題について交渉する相手方は、現実的には加害者自身ではなく、任意保険（の担当者）ということになります。

ここで、自賠責保険と任意保険の相互関係について、考えておく必要があります。本来、任意保険（対人賠償保険）は、自賠責保険の上乗せ保険として捉えられています。したがって、被害者は、まず自賠責保険に対し被害者請求を行い、一定額の賠償金を得た上で、それのみでは正当な賠償金額に達

しないと考えられる場合に、不足額の支払いを求めて任意保険と交渉するというのが、本来の姿ということになります。

しかし、そのようなやり方は、被害者にとって必ずしも便利なものとはいえません。そこで、任意保険が、自賠責保険の分も含めて一括して賠償金の支払いに応じるという手法が実務上生じ、それを**一括払い**（一括払いの制度）と呼んでいるわけです。そして、一括払いをした任意保険は、後で自賠責保険に対し、自賠責保険分を求償します。

(b) **事前認定とは**

被害者に後遺障害が残っている場合に、被害者との間で示談交渉を行う任意保険としては、同人にどの程度の後遺障害が残っているのかを正確に把握する必要があります。それは、後遺障害の有無および等級によって、逸失利益および後遺障害慰謝料の金額が大きく左右されるためです。

そこで、任意保険から、事前に損保料率機構に対し、相手方被害者の後遺障害等級の認定を求めると、これに対し、損保料率機構から、同人の後遺障害の有無および等級について、結果が任意保険に対し通知されます。このような仕組みを**事前認定**といいます。後遺障害の有無および等級を知った上で、任意保険は、相手方被害者との示談交渉に入ることができます。

(3) **加害者請求による場合**

前記したとおり、加害者請求をする前提として、加害者は、被害者に対し損害賠償金を現実に支払う必要があります（Q43参照）。

しかし、任意保険を締結していない加害者が、いったん損害賠償金を被害者に支払った後に、加害者請求という方法で後遺障害の等級認定を行うことは、現実には余りないのではないかと考えられます。

2 任意保険

Q46 任意保険の概要

設問 自動車を保有するに当たり、自賠責保険だけでは事故発生時の備えが十分ではないと聞きました。自賠責保険と任意保険（自動車保険）の違いについて教えてください。

A 人身事故を起こした場合に、相手方の損害を補償するのが自賠責保険です。これに対し、任意保険（自動車保険）の場合には、いろいろな補償が受けられます。

　　　　　　　　　　解　説

(1) **自賠責保険との違い**

　自賠責保険は、強制保険ともいわれるように、契約を締結することが法律で強制されています（Q43参照）。

　これに対し、**任意保険**（自動車保険）の場合は、保険に入るか否かは自由です。しかし、任意保険に入っておくことによって、自賠責保険にはない補償を受けることが可能となります。

(2) **任意保険の種類**

　(a) **相手方の損害を補償するもの**

　自賠責保険は、自動車事故によって相手方が死傷した場合に、相手方の損害を補償する目的で締結されています。

　一方、任意保険の場合は、相手方の損害を補償する目的を持つものとしては、対人賠償保険と対物賠償保険があります。

まず、**対人賠償保険**とは、自動車事故で他人を死傷させた場合に、自賠責保険の限度を超えた、つまり自賠責保険で支払われる保険金等を超えた部分について、保険金が支払われるものをいいます。

他方、**対物賠償保険**は、自動車事故によって他人の財物（これには、他人の自動車も含まれます。）に対し損害を与えた場合に、保険金が支払われるものです。

(b) **自分または同乗者の損害を補償するもの**

以上のものに対し、自動車に乗っていた保険契約者または同乗者の損害を補償するものとして、次のようなものがあります。

第1に、**人身傷害補償保険**があります。これは、保険契約者と家族など一定の範囲の被保険者（被保険者の正確な範囲については、各任意保険会社の約款をみて確認してください。）が事故に遭って死傷した場合に、その損害を補償するものです（Q47参照）。

第2に、**搭乗者傷害保険**です。これは、被保険自動車に乗車していた者（搭乗者全員を指します。）が事故で死傷した場合に、怪我の部位・症状別に、定額の保険金の支払いを受けるものです。例えば、死亡の場合は1,000万円、骨折の場合は30万円というように定められています。

第3に、**無保険車傷害保険**です。これは、被保険者を死傷させた相手方が対人賠償保険に入っていないとき、あるいは対人賠償保険に入っていても賠償資力が不十分なときに、死亡または後遺障害を伴う傷害を負った場合に限り、一定額が支払われるものです。

第4に、**自損事故傷害保険**ですが、これは、単独事故のように相手方がいない場合や、相手方がいても無過失のために自賠法3条の責任を負わない場合等に、死亡保険金、後遺障害保険金等が支払われるものです。

第5に、**車両保険**は、事故によって被保険自動車に損害が生じた場合に、保険金が支払われるものです（事故には、盗難、自損事故等も含まれます。）。

Q47 人身傷害補償保険

設問 任意保険を契約する際、人身傷害補償保険を付けておけば、仮に自分に大きな過失があっても十分な補償を受けられると聞きました。人身傷害補償保険について教えてください。

A 人身傷害補償保険は、任意保険において、基本補償または任意で付帯することとされています。人身傷害補償保険の最大の特色は、仮に自分に過失があっても、損害額の全額の補償を受けられるという点にあります。

解 説

(1) 人身傷害補償保険

(a) 人身傷害補償事故とは

人身傷害補償保険においては、被保険者（保険による保護の対象となる者をいいます。）が、次に掲げる**急激かつ偶然な外来の事故**を原因として、身体に傷害を被ることによって、保険会社に支払責任が生じます。

① 自動車（原動機付自転車を含みます。）の運行に起因する事故（注）

② 自動車の運行中の飛来中もしくは落下中の他物との衝突、火災、爆発または自動車の落下

> （注） 人身傷害補償保険における**人身傷害補償事故**とは、被保険自動車に搭乗中に生じた事故のみならず、その他、被保険自動車以外の自動車に搭乗中に生じた事故、被保険者が歩行中に他者が運転する自動車に衝突されて死傷したような場合をも含む（自動車保険の解説編集委員会・自動車保険の解説2012・373頁）。ただし、この点については別途、免責事由が定められている。

(b) 被保険者

被保険者とされるのは、次の者です（これ以外にも被保険者とされる者がありますが、実際の適用例は少ないと思われますので、ここでは省略します。）。

① 記名被保険者（保険証券記載の被保険者）
② 記名被保険者の配偶者
③ 記名被保険者または配偶者の同居の親族
④ ①から③までのいずれの者にも該当しない者で、保険証券記載の自動車の正規の乗車装置または正規の乗車装置のある室内に搭乗中の者

(c) **免責事由**

保険会社は、戦争、天災、原子力等による損害（いわゆる異常危険等による損害を指します。）以外にも、次のような事由によって生じた損害については、保険金を支払いません。

① 被保険者の故意または重大な過失によって生じた損害
② 被保険者の闘争行為、自殺行為、犯罪行為等によって生じた損害
③ 被保険者が運転資格を持たないで自動車を運転した場合に生じた損害
④ 被保険者が麻薬等の影響により正常な運転ができないおそれがある状態で自動車を運転した場合に生じた損害
⑤ 被保険者が酒気を帯びて自動車を運転した場合に生じた損害

なお、上記の事由以外にも、若干の免責事由があります。

(2) **保険金額**

保険会社が定める**人身傷害条項損害額基準**に従って算定された損害額が、被保険者の過失の有無にかかわらず、保険金として支払われます（実損填補型傷害保険）。

人身傷害保険の保険金額は、原則として、次のように算定されます。

ただし、1回の人身傷害事故について保険会社が支払う保険金額は、被保険者1名について、保険証券記載の保険金額が上限（支払限度額）とされています。

$$\boxed{算定損害額} + \boxed{損害防止費用等} - \boxed{既払金額} = \boxed{保険金額} \leqq \boxed{支払限度額}$$

Q48 人身傷害補償保険と損害賠償請求権の関係

設問 私は、人身傷害補償保険に加入していますが、今回、事故に遭って重い後遺障害が残ってしまいました。そこで、損害の補償を受けたいと考えていますが、先に人身傷害補償保険金を受け取り、その後、加害者に対する損害賠償請求をした方がよいのか、あるいは、加害者に対する損害賠償請求をして損害賠償金を受け取り、その後で保険会社に対して人身傷害補償保険金を請求した方がよいのか、いずれがよいでしょうか？

A いずれの場合であっても、受領できる損害賠償金および保険金の合計額は、原則として変わらないとする立場と、変わることがあるとする立場に分かれます。

解　説

(1) 人身傷害補償保険と損害賠償請求権の相互関係

交通事故の被害者が、人身傷害補償保険に加入していた場合、その過失の有無を問うことなく、人身傷害補償保険の定める基準に従って保険金を受け取ることができます（Q47参照）。他方、被害者は、加害者に対して不法行為責任に基づく損害賠償請求権を有します（Q2参照）。

そこで、双方の関係について問題が生じます。具体的には、先に人身傷害補償保険金を受領した被害者が、後で加害者に対して損害賠償請求訴訟を提起した場合、裁判所の判決によって、一体いくらの賠償金を受け取ることができるのかという問題です。

この点について、かつてはいろいろな考え方がありました。しかし、最近になって最高裁の判断が示されたことによって、現在では問題が決着するに至りました（最判平24・2・20判時2145・103）。

(2) 最高裁の立場

(a) **最高裁判例**

最高裁は、**裁判基準差額説**（訴訟基準差額説）を採用しました。

裁判基準差額説とは、被害者に対し、裁判所が認定した損害賠償金額を、人身傷害補償保険金と損害賠償金で保障しようとする見解です。やや長文になりますが、次のとおり判決を引用します。

すなわち、「本件約款によれば、訴外保険会社は、交通事故等により被保険者が死傷した場合においては、被保険者に過失があるときでも、その過失割合を考慮することなく算定される額の保険金を支払うものとされているのであって、上記保険金は、被害者が被る損害に対して支払われる傷害保険金として、被害者が被る実損をその過失の有無、割合にかかわらず塡補する趣旨・目的の下で支払われるものと解される。上記保険金が支払われる趣旨・目的に照らすと、本件代位条項にいう『保険金請求権者の権利を害さない範囲』との文言は、保険金請求権者が、被保険者である被害者の過失の有無、割合にかかわらず、上記保険金の支払によって民法上認められるべき過失相殺前の損害額（以下「裁判基準損害額」という。）を確保することができるように解することが合理的である。そうすると、上記保険金を支払った訴外保険会社は、保険金請求権者に裁判基準損害額に相応する額が確保されるように、上記保険金の額と被害者の加害者に対する過失相殺後の損害賠償請求権の額との合計額が裁判基準損害額を上回る場合に限り、その上回る部分に相当する額の範囲で保険金請求権者の加害者に対する損害賠償請求権を代位取得すると解するのが相当である」としました。

(b) **解釈**

上記最高裁の立場を分かりやすく説明すると、次のようになります。

第1に、人身傷害補償保険は、被害者が被る実損を、同人の過失の有無・割合にかかわらず塡補する趣旨の下で支払われるものです。したがって、約款の代位条項の文言も、被害者が過失相殺前の損害額（裁判基準損害額）を確保できるように解釈する必要があります。

第2に、人身傷害補償保険会社は、被保険者（被害者）に支払済みの人身傷害補償保険金と、被害者が加害者に請求できる（過失相殺後の）損害賠償

Q48 人身傷害補償保険と損害賠償請求権の関係

金の合計額から、裁判基準損害額（過失相殺しないもの）を控除した残額について、代位取得します（なお、最判平24・5・29判時2155・109）。

第3に、被害者は、加害者に請求できる（過失相殺後の）損害賠償金から、上記代位取得額を控除した残額についてのみ、加害者に対し損害賠償請求することが認められます。

(3) 実例その1

(a) 問題

まず、人身傷害補償保険金の支払が先に行われた場合を検討します。

Xが被害者、Yが加害者、Zが人身傷害補償保険会社とします。被害者には3割の過失があったとします。また、裁判所が認めた裁判基準損害額を5,000万円とします。そして、人身傷害補償保険として、先にZからXに対し3,000万円が支払われたとします。

この場合、人身傷害補償保険会社Zの代位取得額は、いくらでしょうか。

また、被害者Xが、裁判において、加害者Yに裁判上請求できる損害賠償金は、いくらでしょうか。

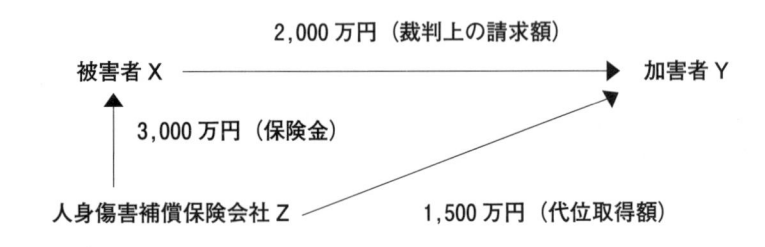

```
                    2,000万円（裁判上の請求額）
被害者X ─────────────────────────▶ 加害者Y
  ▲                                    ▲
  │ 3,000万円（保険金）                  │
  │                                    │
人身傷害補償保険会社Z ──── 1,500万円（代位取得額）
```

(b) 解答

① 人身傷害補償保険金　　　　3,000万円
② <u>過失相殺後の損害賠償金　　3,500万円</u>
③ 合計額　　　　　　　　　　6,500万円
④ Xの裁判基準損害額　　　　5,000万円
⑤ Zの代位取得額　　　　　　1,500万円（6,500万円−5,000万円＝1,500万円）

⑥　XのYに対する裁判上の　　2,000万円（3,500万円－1,500万円＝2,000
　　請求額　　　　　　　　　　万円）

(c)　シンプルな考え方

　裁判基準差額説とは、被害者に裁判基準損害額を確保させようとする考え方ですから、次のように簡単に理解することもできます。被害者Xは、人身傷害保険金3,000万円を先に受領していますから、Xに裁判基準損害額である5,000万円を確保させるためには、Yに対して2,000万円請求できることを認めれば足ります。

　次に、ZのYに対する代位取得額については、人身傷害保険金3,000万円から、Xの過失相殺相当額である1,500万円を差し引くことによって金額を求めることができます。本問の場合には、1,500万円となります。

(4)　実例その2

(a)　問題

　次に、損害賠償請求訴訟の判決により、損害賠償金の支払が先に行われた場合を検討します。

　Xが被害者、Yが加害者、Zが人身傷害補償保険会社とします。被害者には3割の過失があったとします。また、裁判所が認めた裁判基準損害額を5,000万円とします。

　この場合、被害者Xの加害者Yに対する損害賠償請求額は、いくらでしょうか。

　また、被害者Xが、人身傷害補償保険会社Zに対して請求できる人身傷害補償保険金は、いくらでしょうか。

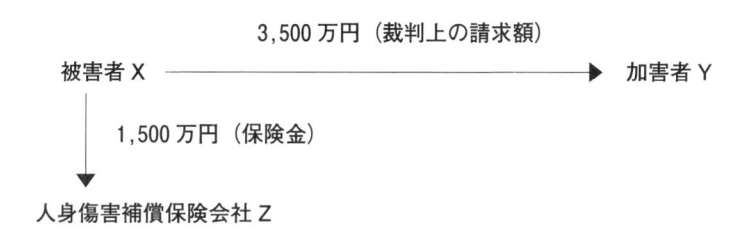

```
                    3,500万円（裁判上の請求額）
被害者X ─────────────────────────────▶ 加害者Y
    │
    │ 1,500万円（保険金）
    ▼
人身傷害補償保険会社Z
```

Q48 人身傷害補償保険と損害賠償請求権の関係

(b) **解答**

① XのYに対する過失相殺後の損害賠償請求額 3,500万円
② この場合は、人身傷害補償保険の約款の解釈が重要な問題となります。人身傷害補償保険会社の約款をそのまま適用した本来の人身傷害補償保険金は3,000万円のはずですが、そこから既払金3,500万円を控除すると、0円となります（つまり、人身傷害補償保険会社Zは、被保険者Xに対し、人身傷害補償保険金を支払わなくてもよいことになります。このような考え方を、人身傷害補償保険基準説と呼ぶことがあります。)。

しかし、そのような解釈をとった場合、被害者Xが、先に人身傷害補償保険金を受領した場合と比較して、極めて不合理な結果となります。

そのため、前記平成24年2月20日の最高裁判例においても、宮川光治裁判官は補足意見として、次のようにいいます。すなわち、「本件約款の人身傷害条項は、賠償義務者から既に取得した損害賠償金の額等がある場合は、保険金の額はそれらの合計額を差し引いた額とすると定めている。これを字義どおり解釈して適用すると、一般に人身傷害条項所定の基準は裁判基準を下回っているので、先に保険金を受領した場合と比較すると不利となることがある。そうした事態は明らかに不合理であるので、上記定めを限定解釈し、差し引くことができる金額は裁判基準損害額を確保するという『保険金請求権者の権利を害さない範囲』のものとすべきであると考えられる。」としています。

要するに、請求の順番が異なるというだけのことで、被害者が受け取ることができる金額が異なるという結論は不合理である、ということです。

以上の理由から、本問の場合、被害者Xは、人身傷害補償保険会社Zに対し1,500万円を請求することができると解されます。
③ この点に関する最近の参考判例として、京都地裁平成23年6月3日判決（交民44・3・751）および大阪高裁平成24年6月7日判決（判時2156・126）があります。

前者の判決は、前記宮川光治裁判官の補足意見に近い考え方をとっています。これに対し、後者の判決は、人身傷害補償保険の約款をそのまま適

用する立場をとっています。このように、裁判所によって考え方が分かれています。

第4部

交通事故紛争の解決手段

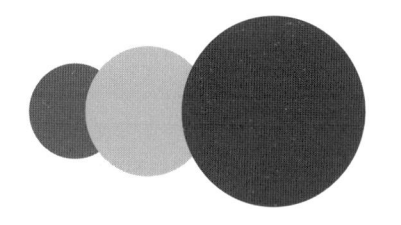

1 訴訟以外の方法による紛争解決

Q49 相談機関の種類

設問 私は交通事故の被害者となりましたが、どこに相談に行けばよいか分かりません。相談場所について教えてください。

A 交通事故の被害者となった場合の相談機関としては次のようなものがあります。①日弁連交通事故相談センター、②交通事故紛争処理センター、③自治体が主催する交通事故相談所、④個別の法律事務所の法律相談などです。

解説

(1) **法律相談の重要性**

交通事故の被害者となった場合、通常、最も関心が集まる点とは、加害者から、一体どれくらいの損害賠償金を得ることができるか、ということではないでしょうか。しかし、正確な損害賠償額を算定するには、交通事故の発生態様、被害者の怪我の程度、治療の状況、症状固定の有無、後遺症が残存する可能性の有無等のほか、種々の事情を細かく把握する必要があります。

そこで、重要となるのは、交通事故に詳しい弁護士のアドバイスを受けるということです。専門家の客観的な意見を聞くことによって、おおよその金額を算定することが可能となります（Q50参照）。

以下、どこで相談ができるかについて説明します。

(2) **日弁連交通事故相談センター**

日弁連交通事故相談センターは、国（国土交通省）からの補助金を主な原

Q 49　相談機関の種類

資として運営されている機関です。東京の本部と全国54か所の支部から構成されています（平成24年6月現在、全国169か所の相談所があります。なお、平成24年4月1日から、公益財団法人になりました。）。

交通事故の被害者は、日弁連交通事故相談センターで、弁護士から無料相談を受けることができます。相談時間は、1回当たり30分です。

なお、相談を行っている具体的な場所については、各地の弁護士会にお問い合わせください（Q52参照）。

(3) 交通事故紛争処理センター

交通事故紛争処理センターは、交通事故裁定委員会を前身として、昭和53年3月に財団法人として出発しました。現在、全国10か所で業務を行っていますが、その業務の中には、弁護士による無料法律相談業務もあります。

(4) 自治体が主催する交通事故相談所

全国の自治体の中には、住民サービスの一環として、**無料法律相談**を実施しているところが多くあります。そして、無料法律相談のうち、交通事故に関する相談を特別に受け付けているところもあります。

(5) 個別の法律事務所の交通事故相談

全国各地に数多く存在する法律事務所においては、日常的に交通事故に関する法律相談が行われていると思われます。

法律事務所における法律相談は、かつては有料相談が原則となっていましたが、近時の各法律事務所のホームページなどをみる限り、無料で相談に乗ってもらえることも多いようです。

(6) まとめ

上記のとおり、多くの相談機関がありますが、肝心なことは、相談担当弁護士が、交通事故問題について豊富な経験を有している否かということです。その点を見極めて相談を依頼することが、大きなポイントとなります。

第4部 交通事故紛争の解決手段　1 訴訟以外の方法による紛争解決

Q50　法律相談を申し込む際の留意点

設問　私は交通事故で怪我をしました。そこで、今後の対処法について弁護士に法律相談に乗ってもらいたいと思いますが、その場合どのような点に注意したらよいですか？
　同じく行政書士へ相談をすることには、何か問題があるでしょうか？

A　相談をする際には、交通事故に関する資料をできる限り多くそろえて持参する必要があります。また、電話による相談は、信頼性にやや問題があると考えます。
　行政書士は、有料で他人の交通事故に関する法律相談を行う資格はありません。そのような相談業務は、弁護士法違反の疑いがありますから、行政書士への相談はお勧めできません。

解説

(1)　相談をする際の基本的留意点

　交通事故に関する法律相談に限らず、法律相談を申し込む際には、手元にある資料をなるべく多く持参する方が、好ましいといえます。それは、事故に関する説明資料が手元に多くあればあるほど、弁護士としては、より正確に損害賠償金の算定を行うことができるからです。
　反対に、資料が何もない状態では、損害賠償金を算定しようとしても、あくまで仮の計算（又は推定計算）にとどまらざるを得ず、回答に信頼性が欠けるという結果となります。

(2)　持参すべき資料

　弁護士に対し法律相談を申し込んだ場合、相談者が持参するべき資料としては、最低限、次のようなものが考えられます。
　①　交通事故証明書

Q 50　法律相談を申し込む際の留意点

　②　事故の発生状況を説明した図面
　③　負傷直後の診断書
　④　症状が固定している場合は、後遺障害診断書
　⑤　被害者の所得を証明する何らかの資料
(3)　相談をする際の留意点
　(a)　**正確な説明**
　交通事故の法律相談であろうとなかろうと、弁護士に対し事実関係を正確に説明することは、極めて重要なことです。不正確な説明をすると、弁護士から、誤った回答を出される危険性があります。
　したがって、仮に自分に不利な事実であっても、相談に乗っている弁護士に対しては、ありのままを正直に説明する必要があります。
　(b)　**面接による相談が原則であること**
　交通事故相談に限らず、法律相談は、相談者（事故被害者）と弁護士が面接して行われるのが原則です。一部に、電話による相談を実施している機関もあるようですが、お勧めはできません。
　それは、相談者と弁護士が直に会って相談内容を伝えた方が正確性を期すことができるし、また、能率的でもあるからです。例えば、事故がどのように発生したのかを説明する際、事故発生状況図を示して説明すれば、弁護士もすぐに内容を理解することができます。
(4)　**相談料金**
　法律相談料金については、多くの法律事務所において、30分で、5,250円（内消費税250円）となっているようです。
　ただし、法律事務所の中には、条件付きですが、無料法律相談を実施している所もあるようです。
(5)　**行政書士に対する相談**
　行政書士が、報酬を得る目的で、他人の交通事故について、同人に対し法律相談業務を行う資格はありません。それは、以下の理由によります。
　(a)　**弁護士法72条**
　弁護士法72条は、次のように定めます。

第4部　交通事故紛争の解決手段　　1　訴訟以外の方法による紛争解決

弁護士法72条　「弁護士又は弁護士法人でない者は、報酬を得る目的で訴訟事件、非訟事件及び審査請求、異議申立て、再審査請求等行政庁に対する不服申立事件その他一般の法律事件に関して鑑定、代理、仲裁若しくは和解その他の法律事務を取り扱い、又はこれらの周旋をすることを業とすることができない。ただし、この法律又は他の法律に別段の定めがある場合は、この限りでない。」

(b)　**弁護士法72条の法意**

　弁護士は、基本的人権の擁護と社会正義の実現という使命を帯びた職業であることから、厳格な資格要件が設けられ、職務の誠実適正な遂行を確保するための規律に服するものとされています。

　仮に、弁護士資格を有しない者が、ほしいままに他人の法律事件に介入する状態を放置した場合、当事者の権利が十分に守られないおそれが生ずるのみならず、公共の秩序に乱れが生ずるおそれもあります。同条は、そのような、好ましくない事態の発生を防止するための規定である、と考えられます（日弁連調査室・条解弁護士法［第4版］606頁）。

　弁護士は、**司法試験**という国家試験に合格した後、さらに**司法研修所**において、司法修習生として法律実務の研鑽を積み、その卒業試験に合格後、各地の弁護士会に入会を許された者だけに与えられる資格です。

　なぜ、そのような高度で厳格な教育・訓練を通過する必要があるのかといえば、弁護士は、極めて重要な職責を負っているためです。逆にいえば、このような高度で厳しい教育・訓練を経ていない者が、他人の法律事件を取り扱うことは認めないということです。

(c)　**法律事件とは**

弁護士以外の者が取り扱うことを禁止される「**一般の法律事件**」とは、法律上の権利義務に関し争い・疑義があり、または新たな権利義務関係が発生する案件をいう、と解する立場が通説です（前掲条解615頁）。

(d)　**例外規定**

　しかし、弁護士法72条は、「ただし、この法律又は他の法律に別段の定めがある場合は、この限りでない。」としています。

Q 50　法律相談を申し込む際の留意点

　ここで関係するのが、行政書士法です。行政書士法は、その1条の2で、**行政書士**の業務について定めています。それによれば、行政書士の本来の業務は、他人の依頼を受け報酬を得て、官公署に提出する書類その他権利義務または事実証明に関する書類を作成することです。

　しかし、行政書士は書類を作成するだけで、その提出は必ず依頼者本人が行う必要がある、というのでは余りにも実情に合いません。そのため、同法1条の3第1号で、行政書士が作成した書類を、行政書士自らが官公署に提出することも、行政書士の業務と定めています。

(e)　**行政書士が代理人として作成することができる書類**

　また、同条第2号は、上記書類について、代理人として作成することを認めています。しかし、行政書士が代理人として作成することができるのは、あくまで法律事件に関しない書類の作成に限定されます。法律事件に関する書類を行政書士が代理人として作成することはできません（法律事務に該当することになるからです。）。

(f)　**弁護士法違反の疑いが濃厚な場合とは**

　例えば、交通事故被害者からの相談に応じて、損害賠償額を計算することは、後遺障害の有無、休業損害の有無、逸失利益の有無、過失相殺の有無などの法的判断が必要となると考えられます。したがって、弁護士法72条が禁止する法律事件の法律事務＝「鑑定」に当たると解されます（条解638頁）。

　また、自賠責保険に対し、自賠法16条の被害者請求を代理人として行うことも、障害等級が認定されることによって、自賠責保険から損害賠償額の支払を受ける権利が新たに発生することになりますから、弁護士法72条が禁止する法律事件の法律事務＝「代理」に当たると解されます。

第4部 交通事故紛争の解決手段　1　訴訟以外の方法による紛争解決

Q51　弁護士資格を有しない者への事件委任

設問　私の親は、交通事故で半年前に死亡しました。ところが、加害者には全く誠意がなく、損害賠償の示談交渉に応じようともしません。私は困って知人に相談したところ、知人は交通事故賠償の問題に詳しいというので、その知人に依頼して、加害者との示談交渉を始めたいと考えています。知人は、事件が無事解決したら、示談金の3分の1を報酬として貰いたいと言っています。知人に示談交渉を依頼した場合、何か問題が生じますか？

A　今回の知人のような人々を事件屋といいます。弁護士資格を有しない事件屋に交通事故損害賠償問題の示談交渉を依頼するようなことは、後で大きな禍根を残す結果となることが多いので、**極力避けるべきです**。

解説

(1)　**弁護士法72条について**

(a)　**趣旨**

前問でも触れましたが（Q50参照）、弁護士法72条は、弁護士資格を有しない者が、**一般の法律事件**について法律事務を取り扱うことを禁止しています（なお、条文上、「その他一般の法律事件」でいう「一般の法律事件」と訴訟事件、非訟事件などとは、並列的列挙の関係にあり、訴訟事件、非訟事件などは、「一般の法律事件」には含まれていない、と解釈するのが大方の立場です。一方、「その他の法律事務」でいう「法律事務」には、鑑定、代理、仲裁などが含まれていると解することになります。）。

(b)　**適用要件**

弁護士法72条違反が成立するには、次の四つの要件を満たす必要があります（前掲条解609頁）。本問の事例の場合は、そのすべてを満たしていると解されます（なお、罰則は、弁護士法77条3号によって、2年以下の懲役または

Q 51 弁護士資格を有しない者への事件委任

300万円以下の罰金とされています。)。
①　違反者が、弁護士または弁護士法人でないこと。
②　違反者が、法律事件に関する法律事務を取り扱うこと（又は、その取扱いを周旋すること）。
③　違反者に、報酬を得る目的があること。(**注1**)
④　違反行為が、業として行われること。(**注2**)
　(**注1**)　ここでいう**報酬**とは、現金に限らない。物品や供応を受けることも含まれる。また、金額の多寡を問わない。報酬を得る目的があれば足りるから、現に報酬を受け取ったことまでは必要とされていない（前掲条解611頁）。
　(**注2**)　業として行われるとは、反復継続する意思をもって法律事務の取扱いをすることである。

(2) 最高裁判例

　最近、弁護士資格のない者が、ビルの所有者から、多数の賃借人をビルから立ち退かせる交渉の依頼を受け、交渉を行った結果、多数の賃借人との間で賃貸借契約の合意解除契約を締結して明渡しを受けた上で、報酬を受領したという刑事事件がありました（最判平22・7・20判時2093・161）。

　この事件について、最高裁は、「被告人らは、多数の賃借人が存在する本件ビルを解体するため全賃借人の立ち退きの実現を図るという業務を、報酬と立ち退き料等の経費を割合を明示することなく一括して受領し受託したものであるところ、このような業務は、賃貸借契約期間中で、現にそれぞれの業務を行っており、立ち退く意向を有していなかった賃借人らに対し、専ら賃貸人側の都合で、同契約の合意解除と明渡しの実現を図るべく交渉するというものであって、立ち退き合意の成否、立ち退きの時期、立ち退き料の額をめぐって交渉において解決しなければならない法的紛議が生ずることがほぼ不可避である案件に係るものであったことは明らかであり、弁護士法72条にいう『その他一般の法律事件』に関するものであったというべきである。」としました。

第4部 交通事故紛争の解決手段　1 訴訟以外の方法による紛争解決

Q52　交通事故相談センターでの示談あっ旋

設問　私は、交通事故の損害賠償のことで、加害者側損保会社の担当者と示談交渉中ですが、今後示談をまとめるには、どのような方法で行えば、一番有利でしょうか？

A　示談をするには、日弁連交通事故相談センターの示談あっ旋を利用するのが賢明と考えます。被害者が、保険会社の担当者と一対一で示談することは、多くの場合、被害者側に不利な結果で終わる可能性が高いといえますから、できる限り避けるのが無難です。

解説

(1)　**日弁連交通事故相談センターでの示談あっ旋**

(a)　示談あっ旋とは

先にも述べましたが、日弁連交通事故相談センターにおいては、事故当事者（被害者及び加害者）からの法律相談に、弁護士が無料で応じています（ただし、原則的に電話で相談の予約を取っておく必要があります。）。

また、相談業務以外にも、**示談あっ旋業務**があります（共済関係についてはさらに審査業務も認められていますが、実際の取扱案件は少ないようです。）。

(b)　示談あっ旋の特徴

日弁連交通事故相談センターの行う示談あっ旋は、自賠責保険又は自賠責共済に加入することが義務付けられている車両による自動車事故で、相手方と話合いによる解決ができる事案について行われます。

示談あっ旋の場合、解決基準は、いわゆる**裁判所基準**に近いものとなっており、被害者に有利な損害査定となっています（Q37参照）。要するに、被害者に不利な「損保基準」は適用されないということです。

(2)　**示談あっ旋の手続き**

Q 52　交通事故相談センターでの示談あっ旋

(a)　**弁護士への相談**

　事故被害者は、最初に、弁護士に相談する必要があります。相談機関は、日弁連交通事故相談センターの弁護士でも良いですし、個別の法律事務所の弁護士でも構いません。

　前者の場合は、日弁連交通事故相談センターで相談を担当した弁護士の判断によって、示談あっ旋の利用を勧められたような場合に、被害者は、自分で示談あっ旋の申出をすることができます（面接相談を経ずに示談あっ旋の申出を行うことは、原則的にできないものとされています。）。

　後者の場合は、事故被害者は、相談を依頼した弁護士を自分の代理人として選任した上で、示談あっ旋の申出をすることができます（この場合、別途、交通事故相談センターの弁護士の面接相談を受ける必要は、ありません。）。

(b)　**申出の要件**

　日弁連交通事故相談センターの示談あっ旋の申出の大半は、人身事故の被害者側からのものです（ただし、加害者側からの申出もできます。）。しかし、次の場合は、示談あっ旋の申出は、受理できないとされています。

①　調停または訴訟手続中であるとき。
②　他の機関にあっ旋を申し出ているとき。
③　不当な目的により申出をしたものと認められるとき。
④　当事者が権利または権限を有しないと認められるとき。
⑤　弁護士法72条違反の疑いがある者からの申出であるとき。

(c)　**示談あっ旋の回数**

　示談あっ旋の回数は、原則3回以内とされています。

　示談あっ旋の手順ですが、日弁連交通事故相談センター（支部長）から委嘱された弁護士2人が、双方から主張、事情等を聴きとります。その上で、適切なあっ旋案を双方に示します。これに対し、早い場合には、第1回の示談あっ旋期日において双方が合意し、示談が成立することも珍しくはありません。ただ、通常の場合、第2回示談あっ旋期日において、双方が、あっ旋案に対する受諾又は拒否の回答をします。双方とも受諾の場合は示談が成立し、そうでない場合は不成立（打切り）となります。

2 訴訟による紛争解決

Q53　訴訟と訴訟以外の方法による紛争解決の比較

設問　私は、交通事故によって、体に重い後遺障害が残ってしまいました。このたび、加害者に対する損害賠償金を請求するに際し、訴訟によるべきか、あるいは訴訟以外の方法によるべきか迷っています。何かよいアドバイスがあれば、教えてください。

A　交通事故の損害賠償問題には、訴訟で解決する方が被害者にとって有利と考えられるものもあれば、反対に示談で解決する方が得策と考えられるものもあります。仮に重い後遺障害が残っているのであれば、訴訟での解決が妥当と考えられます。

解説

(1)　**交通事故損害賠償問題の多様性**

　一口に交通事故損害賠償問題といっても、いろいろなものがあります。

　重い後遺障害（後遺症）が残った人身事故から、軽微な物損事故まで様々なものがあり、紛争解決のためにどのような手段を取るのが良いかという点は、現実に手段を選択する前に熟慮しておく必要があります。

　以下、訴訟で解決した方がよいと考えられる場合と、訴訟以外の方法で解決した方が好ましいと考えられる場合について、それぞれ説明を加えます。

(2)　**訴訟で解決した方がよい場合**

　交通事故による損害賠償問題を、訴訟という方法によって解決した方がよいと思われる場合とは、次のような事案の場合です。

Q 53　訴訟と訴訟以外の方法による紛争解決の比較

(a)　**多額の損害賠償金が予想される場合**

　損害賠償金が多額にのぼると予想される場合は、訴訟を選択すべきです。なぜなら、訴訟を提起して判決を受けた場合、純粋の損害賠償金のほかに、弁護士費用の支払いも命じられる場合がほとんどであることから、弁護士費用の相当分をまかなうことができる、と考えられるためです（Q54参照）。

　例えば、純粋の損害賠償金が3,000万円であるとした場合、弁護士費用として、裁判所によって違いはありますが、通常、300万円から280万円程度の支払いが命じられます（Q24参照。その結果、判決主文によって、被告つまり加害者に対し支払が命じられる金額は、合計3,300万円ないし3,280万円となります。）。

　そうすると、被害者としては、自分が依頼する弁護士の弁護士代として、300万円から280万円程度の金額を実質的に負担する必要がなくなり、経済的負担が相当程度軽減されることになります。

　また、判決の場合は、事故日から、実際に加害者（損保会社）によって損害賠償金の支払が行われる日まで、年5パーセントの割合による遅延損害金の加算も認められています（Q42参照）。

　したがって、仮に上記の例で、判決主文額が3,300万円であり、事故発生日から、損害賠償金が被害者に現実に支払われた日まで、ちょうど4年間が経過していた場合、加害者が支払わなければならない損害賠償金は、3,300万円×［1＋（0.05×4年）］＝3,960万円となります（手取り額）。

純粋損害額3,000万円＋弁護士費用300万円＋遅延損害金660万円＝3,960万円

(b)　**被害者に過失がない場合**

　交通事故の被害者に過失が全くない場合も、訴訟になじむといえます。

　被害者に過失がない場合は、被害者が受けた損害賠償額の分だけは、必ず損害の塡補を求めることができます。

　したがって、弁護士費用の出費を考慮しても、訴訟によって、正当な損害賠償額を明らかにしてもらう価値はあるといえます。

(c) **加害者からの損害賠償金提示額が不当に少ない場合**

　事故被害者の傷病治療が終了して症状固定に至れば、示談をする機が熟したといえます。その時期になると、加害者つまり損保会社から、被害者に対し、損害賠償額計算書の提示が行われることが予想されます。その場合、損保会社は、いわゆる損保基準で賠償額を計算して提示するのが普通です。しかし、損保基準で計算された損害賠償額計算書の内容は、通常、被害者にとっては、不利な内容のものが多いといえます。

　そこで、被害者としては、日弁連交通事故相談センターでの示談あっ旋を利用して、話合いによって紛争を解決することが好ましいと一般にいえます（Q52参照）。

　しかし、示談あっ旋担当弁護士が提示したあっ旋案には、拘束力は認められていません。そのため、被害者側の方で、あっ旋案を妥当なものと評価して、これを受諾する意思があったとしても、損保会社側が、あっ旋案を拒否すれば、示談は成立しないまま、手続は打ち切りとなります。

　その場合、新たに交通事故紛争処理センターに申立てを行うという方法もありますが、むしろ、端的に訴訟で解決する方が妥当な結論を得られる可能性が高いといえます。

(3) **訴訟以外の方法で解決した方がよい場合**

　上記以外の場合は、いきなり訴訟という手段を選択するのは、必ずしも賢明とはいえません。示談という方法をよく検討する価値があります。

　特に、損害賠償金額が比較的低額にしかならないと予想される場合は、あえて弁護士を依頼して訴訟を提起しても、いわゆる「費用倒れ」ということにもなりかねません。したがって、そのような場合は、訴訟は避けた方が無難ということになります。

　ただし、被害者が、自動車保険を締結する際、いわゆる**弁護士費用特約保険**に加入しているときは別です。この場合は、通常300万円までの弁護士費用をまかなうことが可能となって、被害者の経済的負担は大きく軽減されますから、訴訟で争うことに余り支障はないといえましょう。

Q54　弁護士費用

設問　弁護士に委任して、交通事故の裁判を行いたいと考えていますが、弁護士費用は、どれくらいかかるでしょうか？

A　弁護士に委任して裁判を行う場合、いわゆる弁護士費用としては、①着手金、②報酬金、③実費が必要となります。

解説

(1)　弁護士費用

　自分の代理人として弁護士を選任して裁判を行う場合、いわゆる**弁護士費用**が発生します。弁護士費用とは、おおよそ次のものを指します。①着手金、②報酬金、③実費の三つです。

　そこで、以下、これらについて順次説明を加えます。

(2)　着手金

(a)　着手金

　着手金とは、依頼者が弁護士に対して支払う金銭であって、訴訟を開始し、かつ、一定期間裁判を継続するために必要となる費用です。着手金は、基本的に人件費という性格を帯びます。

　着手金は、裁判所ごとに必要となります。例えば、地方裁判所における判決で事件が解決すればよいですが、その判決を不服として、当事者の一方または双方が高等裁判所に控訴した場合、高等裁判所で裁判が始まることになります。その場合、高等裁判所での裁判を続けるに当たり、着手金が別途必要となります。

(b)　着手金の決め方

　着手金の決め方は、おおよそ3通りあります。

(i)　一括払い方式

第4部　交通事故紛争の解決手段　2　訴訟による紛争解決

一括払い方式とは、裁判期間中の弁護士費用を、依頼者が一括して前払いする方法です。この方法が、現在は主流を占めています。例えば、事故被害者甲が、弁護士乙に依頼して丙地裁で裁判を行う場合、提訴から解決（判決又は裁判上の和解）までの間の費用を、着手金として支払います。

着手金の具体的金額は、依頼者と事件を受任する弁護士の合意で定めることができます。着手金の額は、裁判によって加害者に請求する金額（請求額）が多額になればなるほど、多額になるのが通常です。

着手金は、上記のとおり、基本的に人件費という性格を帯びますから、着手金額は適正なものであるべきです。着手金が余りに高額の場合は、弁護士が過剰な利益を得ようとしている可能性があります。逆に、不自然に低額すぎる場合は、果たして弁護士が十分な訴訟活動をしてくれるのか、疑問が生じます。

なお、着手金は、事件処理の委任を受ける弁護士の専門性、経験年数、熱意、熟練度などに応じて決定されるべきものです。したがって、実力十分のベテラン弁護士と、いまだ成長過程にある若手弁護士とでは、着手金の金額が異なるのは、むしろ当然のことです（Q55参照）。

(ii)　**分割払い方式**

分割払い方式とは、着手金を、裁判の進行に応じて何回かに分けて支払う方式です。具体的には、最初に、比較的僅少の着手金を弁護士に支払って事件を受任してもらいます。その後は、裁判の期日が進行するに従って、何回かに分けて、あるいは各期日のたびに着手金を支払う方法です。

この方式は、最も合理的な方式といえます。なぜなら、依頼者としては、弁護士の実際の仕事量に応じた着手金を支払うことになるからです。

また、弁護士としても、現実の仕事量に応じて、依頼者から着手金を受け取ることができますから、その結果、着手金の過大受領や過少受領という好ましくない事態を避けることができます。

ただし、この方式にも問題点がないわけではありません。それは、弁護士からみた場合、依頼者に経済的なゆとりがないなどの事情から、途中で着手金の支払いが遅れたときに、それを理由に直ちに代理人を辞任することが実

際上は難しいという点をあげることができます。また、依頼者からみた場合、裁判が長引いて、着手金が予想外に増えるという懸念があります。

(iii) **タイムチャージ方式**

タイムチャージ方式とは、着手金および報酬金の授受に代えて、弁護士が事件の処理に使った時間分の料金を依頼者に請求する、というものです。

この方式を採用した場合、例えば、弁護士が、その事件を処理するために書面を起案した場合の起案に要した時間、弁護士事務所から裁判所に赴いた移動時間、依頼者と事件に関して打合せをした時間などが、すべて料金に含まれます。

時間当たりの単価ですが、例えば、日弁連のリーガル・アクセス・センター（LAC）を利用した場合、タイムチャージの料金は、1時間当たり2万1,000円とされていますから、この単価を参考にして料金を算定するのが合理的と思われます。

この方式を採用する場合、弁護士としては、何時から何時までどのような内容の仕事をしたかを細かく記録化し、それを依頼者に説明する義務が生じます。この方式の場合、事件によっては、弁護士料金が想像したよりも高額化する事態が考えられます。したがって、依頼者としては、弁護士特約などが使える場合を除いて、原則として慎重に対処する方がよいと思われます（Q53参照）。

(3) 報酬金

(a) 報酬金とは

報酬金とは、依頼者が弁護士に依頼した事件が解決し、相手方である加害者から、事故被害者（依頼者）に対し損害賠償金が支払われた際、依頼者から、弁護士に対して支払われる金銭を指します。報酬金は、事件解決に対する**成功報酬**という性格を持ちます。

(b) 報酬金の計算

(ⅰ) 原則

ここで、報酬金をどのように計算すればよいのか、という問題が生じます。基本的には、事件依頼前の状態と事件解決後の状態を比較し、依頼者が受け

取ることができる損害賠償金額が増加した場合に、その増加額に対して支払うことになります。

例えば、損保会社から事故被害者に対し、示談段階で1,000万円の損害賠償金の提示があったところ、これを不服として弁護士に委任して提訴し、判決を得た結果、損保会社から1,500万円の入金があった場合、差額の500万円が純粋の増加額ということになります（なお、差額が生じない場合は、報酬金は、原則的に発生しません。）。

したがって、この場合は、500万円を基準として、その何割かを報酬金とすることになります。何割を報酬金とするかについては、特に法令の定めや規則などはありませんから、依頼者と弁護士が自由な合意で決定することができます。具体的数字としては、おおよそ15パーセントから、20パーセント程度の範囲内で決めれば、特に問題はないと思われます。

前記しましたが、判決で損害賠償金額が認定される場合、通常、純粋の損害額の約10パーセントが弁護士費用として加算されます（Q24参照）。上記の場合でいえば、純粋の損害額は1,370万円でしたが、これに裁判所が認めてくれた弁護士費用130万円を加算した結果、1,500万円になったということです（したがって、依頼者が130万円の範囲内で弁護士に報酬金を支払うことは、合理的といえます。なお、本例では遅延損害金は除外してあります）。

(ii) **例外**

事件によっては、事件依頼前と事件解決後を単純に比較できない場合があります。例えば、事故被害者に後遺障害が残ったことは疑いないが、後遺障害の等級が決まっていない場合がこれに当たります。

この場合は、加害者側つまり損保会社から、損害賠償金額の提示はありません。そこで、被害者が自賠責保険に対し、**自賠法16条請求**（被害者請求）を行って後遺障害等級の認定を受けた上で、さらに加害者に対して裁判を起こし、判決で損害賠償額を決めてもらうことになります（Q45参照）。

このように、被害者が訴訟を提起して、判決で損害賠償金額が決まり、加害者側つまり損保会社から損害賠償金の支払いがあったとします。その場合、報酬金は、支払われた賠償金のおおよそ10パーセント程度の金額であれば、

Q 54　弁護士費用

適正なものといえます。例えば、損保会社から3,000万円が支払われた場合、おおよそ300万円が報酬金となります。

(4) 実費

実費とは、裁判を提起し、かつ、継続する際に必要となる経費をいいます。印紙代・切手代、謄写料、交通費、日当、鑑定費用、被害者側協力医への相談料等がこれに当たります。実費は、依頼者つまり事故被害者が負担する必要があります。

(a) 印紙代・切手代

訴訟を提起するに当たり、原告は、裁判所に対し、裁判手数料としての実質を有する**印紙代**（印紙）を納める必要があります。印紙代は、訴額つまり原告が裁判において損害賠償として請求する金額に応じて増減します。

例えば、500万円を請求するときは3万円、1,000万円では5万円、3,000万円では11万円というように増減します。

なお、**切手代**は、おおむね5,000円前後とみてよいでしょう。

(b) 謄写料

裁判を提起し、かつ、継続する上で、いろいろな記録を謄写つまりコピーする必要が出てきます。**謄写料**も依頼者が負担します。

(c) 交通費

裁判を継続するに当たり、弁護士が遠方の裁判所に赴く必要が生ずる場合があります。その場合、弁護士事務所から裁判所までの**交通費**についても、依頼者が負担する必要があります。

(d) 日当

裁判所が遠方にある場合、交通費の負担以外にも**日当**が発生することがあります。日当については、各法律事務所で金額が異なると思われますので、依頼者としては、金額を確認しておく方がよいでしょう。

(e) 鑑定費用

交通事故の裁判を提起した場合に、例えば、後遺障害の有無および重さを調べるために、裁判所が指定する鑑定人による鑑定が行われることが、場合によってはあります。その場合、鑑定人に支払う**鑑定費用**は、鑑定を申し出

た側が負担することになります。

Q55　弁護士の選び方・頼み方

設問　弁護士に委任して交通事故の裁判を行いたいと考えていますが、弁護士を選ぶ際にどのような点に注意したらよいでしょうか？逆に、弁護士の目からみて、事件の処理依頼があっても受任しにくい依頼者とはどのような人々でしょうか？

A　弁護士を選ぶ際には、法律事務所の基本方針、弁護士の能力・過去の実績、自分との相性等を考慮して選任する方がよいでしょう。また、弁護士の立場からすると、その人の言葉が信用できないなどの理由によって信頼関係を保つことが困難と思われる依頼者からの事件依頼は、受任することが通常困難といえます。

解説

(1)　はじめに

　裁判を提起するに当たり、弁護士を選ぶ必要があります。依頼者としては、自分が選んだ弁護士と二人三脚で裁判を闘うことになりますから、弁護士選びは極めて重要といえます。

　かつては、弁護士を選ぶ際には、誰かの紹介を通して選任することが多かったようです。しかし、最近は、弁護士の数も昔とは比べものにならないくらい飛躍的に増加し、また、インターネットなどの発達によって、多くの弁護士を比較・検討することも容易となりました。

　そこで、弁護士を選ぶ際のポイントを、いくつか示したいと思います。具体的には、法律事務所の基本方針、弁護士の能力・過去の実績、自分との相性等です。

(2)　具体的ポイント

　(a)　法律事務所の基本方針

各法律事務所が作成したホームページなどをみますと、その法律事務所の基本的姿勢が表示されていることがあります。それを読むことによって、当該弁護士の姿勢を知ることができます。

例えば、単に、「依頼者のために全力を尽くします」と書いてある場合、その依頼者には損保会社も含まれることになりますから、その弁護士は、加害者側に立って訴訟活動をしている可能性があることが分かります。これに対し、「被害者の利益を第1に考えます」などと書いてあれば、その弁護士は、被害者側に立って訴訟活動を行っていることが分かります。

(b) **弁護士の能力・実績**

現在、日本には全国で3万数千人を超える数の弁護士がいます。弁護士の能力もその数だけ違いがあるとみてよいでしょう。一口に弁護士といっても、交通事故を多く経験している弁護士から、全く経験したことのない弁護士までいます。事故被害者としては、交通事故案件を多く処理した実績のある弁護士を選ぶ必要があります。

なお、弁護士の能力または実績といっても、単なる宣伝文句に惑わされることは避けるべきです。ホームページ上で「交通事故に自信があります」などと書かれていても、根拠の薄い宣伝文句にすぎないという場合もあり得るからです。

弁護士の能力・実績を客観的に把握する方法として、実績のある**判例雑誌**を検索して、その弁護士が代理人として関与した事件の判決が掲載されているかどうかを調べる、というやり方があります。定評ある刊行物に、その弁護士が代理人として関与した事件の判決が何回も掲載されていれば、その弁護士に一定の実力があることが分かります。

また、交通事故に関する解説書を出版しているかどうかという点も、その弁護士の実力を推し量る一つの手段となります。交通事故の解説書を出版している弁護士（または法律事務所）は、通常、他の弁護士よりは、その分だけ研究熱心であるといって間違いないと思われます。

(c) **依頼者との相性**

ただし、その弁護士が、交通事故の分野に精通した有能な弁護士であって

も、会って話をすることに抵抗感を覚える弁護士に事件処理を依頼することは考えものです。やはり、自分と相性の合う弁護士を選ぶことが、その後の円滑な協力関係を保つ上で重要ではないかと思います。

(3) 弁護士が敬遠する依頼者のパターン

弁護士は、依頼者から事件解決を依頼された場合、依頼者の利益にかなうよう、日弁連交通事故相談センターなどにおける示談あっ旋または民事訴訟を通じて事件の適正解決を図ろうとします。

ところが、依頼者の中には、弁護士が事件受任を敬遠しがちなタイプの人々が、ときどきいます。以下、そのような典型例を参考までに紹介します。

第1に、依頼者の要望が、実務上の経験に照らし、明らかに過大な要求であると判断できる場合は、弁護士が事件を受任することは、通常ありません。弁護士が、仮にそのまま事件を受任し、その後、弁護士が主観的には妥当な解決案に到達したと考えても、依頼者がこれを認めず、結局、依頼者と弁護士の間でトラブルとなる危険性が高いためです。

第2に、依頼者の説明、主張する事実関係、事実を裏付ける証拠の存在等が疑わしい場合があります。このような場合は、後日、不当な訴訟を提起したという誹りを相手方当事者から受ける危険性があります。このような場合も事件の受任は難しいといえます。

第3に、弁護士との約束を守ろうとしない依頼者がいます。この場合、仮に弁護士が事件依頼を正式に受任した場合であっても、後日、依頼者との信頼関係を保てないなどの理由から、代理人を辞任する可能性があります。特に、弁護士に対し事件を正式委任しておきながら、着手金の支払いを理由もなく遅延させているような場合は、ほぼ間違いなく、弁護士から辞任の申出があるとみてよいでしょう。

第4に、依頼者の中には、ときとして非常に疑い深い人がいます。弁護士の事件処理を信用できないというタイプの人物です。この場合は、弁護士に委任せずに、自分一人で訴訟等を行うほかないといえます。

Q56 民事裁判のあらまし

設問 このたび、弁護士に委任して交通事故の民事裁判を行うことになりました。今後、裁判はどのように進むのでしょうか？

A 民事裁判は、原告が訴状を裁判所に提出した後、第1回の裁判が開始され、以後、双方がお互いの主張を出し合って裁判を進行させます。そして、争点と証拠が明確となった時点で、証拠調べを行います。その後、最終弁論を経て、判決言渡しとなるのが普通の流れです。

解説

(1) **はじめに**

民事裁判の流れを概観すると、おおよそ次のようになります。

> 原告による訴状陳述・被告による答弁書陳述
> 双方の主張・立証の積重ね、争点および証拠の整理
> 当事者本人尋問・証人尋問判決
> 判決

(2) **訴状の起案**

(a) **弁護士による起案**

交通事故の民事裁判は、**訴状**を起案することから始まります（この段階は、いわば裁判の準備段階に当たります。）。

事故被害者から裁判の委任を受けた弁護士は、同人から、事故の状況、怪我の程度・治療の状況、症状固定日、後遺障害の程度、受けた損害の内容等を詳しく聞き取って、訴状の案を起案します。

訴状の案を起案した弁護士は、その案を依頼者に交付し、内容に間違いが

ないか否かを点検してもらいます。訴状の案の点検を済ませた依頼者は、これを弁護士に返します（ただし、すべての法律事務所でこのような準備作業が行われているというわけではありません。）。

点検済みの訴状の返還を依頼者から受けた弁護士は、再度、誤字脱字の有無、必要的記載事項に漏れがないかどうかなどの点の確認を済ませた上で、裁判所に訴状を提出します。

(b) **訴状の記載内容**

ところで、訴状には、当事者の氏名・住所のほか所定の必要的記載事項を記載します（この点の詳細については、民事訴訟法の専門書を参照してください。）。特に重要なのが、請求の趣旨と請求の原因です。

請求の趣旨とは、原告が、その裁判で裁判所に求める判決の内容（結論）を端的に示したものです。例えば、1,000万円の損害賠償金の支払いを加害者に求める場合は、「被告は、原告に対し、金1,000万円及びこれに対する平成25年1月10日から支払済みに至るまで年5分の割合による金員を支払え」というふうに記載します（ここで、「平成25年1月10日から・・・」とありますが、本例では、事故発生日を平成25年1月10日としますから、同日から支払日まで、年5パーセントの遅延損害金が発生するので、その支払も求めるという意味です。）。

次に、**請求の原因**とは、原告の訴えが、法的にみて正当なものであることを根拠付ける事実です。請求の原因として記載すべき事実には、いろいろなものがあります。

主なものだけでも、交通事故の発生態様、原告の受傷内容、被告（加害者）の責任原因、原告が受けた損害の内容等、をあげることができます。

(3) **民事裁判のあらまし**

(a) **訴状の陳述・答弁書の陳述**

裁判を提起した者を**原告**といいます（反対に、訴えられた者を**被告**といいます。）。訴えの提起があったとき、裁判長は**口頭弁論**の期日を指定し、当事者を呼び出さなければなりません（民訴139条）。口頭弁論とは、広義では、当事者および裁判所が口頭弁論期日において行う訴訟行為を指します。

原告は、第1回裁判（口頭弁論）の期日に訴状を陳述し、これによって裁判が始まります。これに対し、通常、被告は、**答弁書**を陳述します。答弁書とは、訴状に対する被告の認否を記載したものです（認否とは、原告の主張に対し、これを認めるのか否認するのかを明らかにすることをいいます。）。

(b) 主張・立証の積重ね、争点整理および証拠の整理

その後、当事者は、口頭弁論で主張しようとする事項を記載して、相手方および裁判所に提出します。そのための書面が、**準備書面**と呼ばれるものです（民訴161条1項）。

準備書面には、自らの**攻撃・防御方法**（自らの主張が正当なものであることを根拠付ける法律上の主張および証拠を指します。）を記載し、また、相手方の請求および攻撃・防御方法に対する陳述を記載します（同条2項）。

なお、当事者の一方が準備書面に記載した主張を、相手方の当事者が、これをそのまますべて認めるということは、通常の事件においてはありません。否認する部分が必ず出てくるのが普通です。すると、その部分が争点となります。そこで、裁判の争点および証拠の整理を目的として、**弁論準備手続**が行われることもあります（民訴168条）。

このように、裁判が進行するに従って、双方から提出される準備書面の数も次第に多く蓄積していきます。やがて、双方の主張と立証がほぼ終了した段階で、本人尋問および証人尋問に入ります（民訴182条）。

(c) 当事者本人尋問および証人尋問

民事訴訟法において、証拠調べの対象となる有形物を、**証拠方法**といいます。証拠方法には、当事者本人、証人、鑑定人、文書および検証物の五つがあります。これらのうち、一番注目を集めるのは、当事者本人および証人であるといってよいでしょう。

ここで、当事者本人を取り調べることによって**供述**を、また、証人を取り調べることによって**証言**を、それぞれ得ることができます（なお、供述および証言を、**証拠資料**といいます。）。

当事者本人尋問および証人尋問は、原則的に口頭弁論期日において行われます。尋問は、通常、申出をした側の当事者が先に行います（これを**主尋問**

227

といいます。)。主尋問が終わると、次に、相手方当事者が尋問を行います（これを**反対尋問**といいます。)。その後、裁判長による**補充尋問**が行われることが多いといえます。

なお、当事者本人尋問の場合、尋問期日よりも前に**陳述書**を作成して、それを**文書**（書証）として提出しておくことが通例化しています（なお、証人尋問の場合も陳述書が作成されることがあります。）。ここでいう陳述書とは、当事者本人の供述をあらかじめ書面化した文書をいいます。その性格は、法廷における供述内容（証人の場合は証言内容）を先取りしたものといえます。

(d) **判決**

以上のとおり裁判が進行して、訴訟が裁判をするのに熟したときは、裁判所は**判決**を行います（民訴243条1項）。

ただし、判決は、裁判が終わった当日に出されるものではありません。裁判長が判決を書くための相当の時間が必要であることは当然です。そのため、事件の内容にもよりますが、通常、裁判が終わった日から、2か月ないし3か月先に、**判決言渡期日**が指定されることが多いといえます。

判決書は、当事者に**送達**されなければなりません（民訴255条1項）。判決書の送達を受けた当事者が、判決の内容に不服があるときは、送達を受けた日から2週間以内に**控訴**を申し立てることができます（同285条）。

控訴期間内に適法な控訴がない場合、判決は確定することになります。

(e) **弁護士からの連絡**

訴訟事件の当事者に代理人として弁護士が選任されている場合、判決書は、裁判所から代理人の法律事務所に送達されます。

そこで、判決書の送達を受けた弁護士は、直ちに判決書をコピーして依頼者に郵送するのが通例です。その際、弁護士は、当該判決を読んだ上でその内容について評価を行います。そして、判決に対し控訴手続をとるべきか否かの点に関する弁護士の参考意見を添えた上で、上記判決書のコピーを依頼者に郵送することになります。

その上で、依頼者は、送られてきた判決の内容および弁護士の意見を参考にして、控訴を申し立てるか否かを決定します。

資料1

資料1

自動車損害賠償責任保険の保険金等及び
自動車損害賠償責任共済の共済金等の支払基準
（平成13年　金融庁　国土交通省　告示第1号）

第1　総則
1　自動車損害賠償責任保険の保険金等の支払は、自動車損害賠償保障法施行令（昭和30年政令第286号）第2条並びに別表第1及び別表第2に定める保険金額を限度としてこの基準によるものとする。
2　保険金額は、死亡した者又は傷害を受けた者1人につき、自動車損害賠償保障法施行令第2条並びに別表第1及び別表第2に定める額とする。ただし、複数の自動車による事故について保険金等を支払う場合は、それぞれの保険契約に係る保険金額を合算した額を限度とする。

第2　傷害による損害
傷害による損害は、積極損害（治療関係費、文書料その他の費用）、休業損害及び慰謝料とする。
1　積極損害
　(1)　治療関係費
　　①　応急手当費
　　　応急手当に直接かかる必要かつ妥当な実費とする。
　　②　診察料
　　　初診料、再診料又は往診料にかかる必要かつ妥当な実費とする。
　　③　入院料
　　　入院料は、原則としてその地域における普通病室への入院に必要かつ妥当な実費とする。ただし、被害者の傷害の態様等から医師が必要と認めた場合は、上記以外の病室への入院に必要かつ妥当な実費とする。
　　④　投薬料、手術料、処置料等
　　　治療のために必要かつ妥当な実費とする。
　　⑤　通院費、転院費、入院費又は退院費
　　　通院、転院、入院又は退院に要する交通費として必要かつ妥当な実費とする。
　　⑥　看護料
　　　ア　入院中の看護料

原則として12歳以下の子供に近親者等が付き添った場合に1日につき4,100円とする。
　イ　自宅看護料又は通院看護料
　　医師が看護の必要性を認めた場合に次のとおりとする。ただし、12歳以下の子供の通院等に近親者等が付き添った場合には医師の証明は要しない。
　　(ア)　厚生労働大臣の許可を受けた有料職業紹介所の紹介による者
　　　立証資料等により必要かつ妥当な実費とする。
　　(イ)　近親者等
　　　1日につき2,050円とする。
　ウ　近親者等に休業損害が発生し、立証資料等により、ア又はイ(イ)の額を超えることが明らかな場合は、必要かつ妥当な実費とする。
⑦　諸雑費
　療養に直接必要のある諸物品の購入費又は使用料、医師の指示により摂取した栄養物の購入費、通信費等とし、次のとおりとする。
　ア　入院中の諸雑費
　　入院1日につき1,100円とする。立証資料等により1日につき1,100円を超えることが明らかな場合は、必要かつ妥当な実費とする。
　イ　通院又は自宅療養中の諸雑費
　　必要かつ妥当な実費とする。
⑧　柔道整復等の費用
　免許を有する柔道整復師、あんま・マッサージ・指圧師、はり師、きゅう師が行う施術費用は、必要かつ妥当な実費とする。
⑨　義肢等の費用
　ア　傷害を被った結果、医師が身体の機能を補完するために必要と認めた義肢、歯科補てつ、義眼、眼鏡（コンタクトレンズを含む。)、補聴器、松葉杖等の用具の制作等に必要かつ妥当な実費とする。
　イ　アに掲げる用具を使用していた者が、傷害に伴い当該用具の修繕又は再調達を必要とするに至った場合は、必要かつ妥当な実費とする。
　ウ　ア及びイの場合の眼鏡（コンタクトレンズを含む。）の費用については、50,000円を限度とする。
⑩　診断書等の費用
　診断書、診療報酬明細書等の発行に必要かつ妥当な実費とする。
(2)　文書料

資料1

　　　交通事故証明書、被害者側の印鑑証明書、住民票等の発行に必要かつ妥当な実費とする。
　(3)　その他の費用
　　　(1)治療関係費及び(2)文書料以外の損害であって事故発生場所から医療機関まで被害者を搬送するための費用等については、必要かつ妥当な実費とする。
2　休業損害
　(1)　休業損害は、休業による収入の減少があった場合又は有給休暇を使用した場合に1日につき原則として5,700円とする。ただし、家事従事者については、休業による収入の減少があったものとみなす。
　(2)　休業損害の対象となる日数は、実休業日数を基準とし、被害者の傷害の態様、実治療日数その他を勘案して治療期間の範囲内とする。
　(3)　立証資料等により1日につき5,700円を超えることが明らかな場合は、自動車損害賠償保障法施行令第3条の2に定める金額を限度として、その実額とする。
3　慰謝料
　(1)　慰謝料は、1日につき4,200円とする。
　(2)　慰謝料の対象となる日数は、被害者の傷害の態様、実治療日数その他を勘案して、治療期間の範囲内とする。
　(3)　妊婦が胎児を死産又は流産した場合は、上記のほかに慰謝料を認める。

第3　後遺障害による損害
　後遺障害による損害は、逸失利益及び慰謝料等とし、自動車損害賠償保障法施行令第2条並びに別表第1及び別表第2に定める等級に該当する場合に認める。
　等級の認定は、原則として労働者災害補償保険における障害の等級認定の基準に準じて行う。
1　逸失利益
　　逸失利益は、次のそれぞれに掲げる年間収入額又は年相当額に該当等級の労働能力喪失率（別表Ⅰ）と後遺障害確定時の年齢における就労可能年数のライプニッツ係数（別表Ⅱ-1）を乗じて算出した額とする。ただし、生涯を通じて全年齢平均給与額（別表Ⅲ）の年相当額を得られる蓋然性が認められない場合は、この限りでない。
　(1)　有職者
　　　事故前1年間の収入額と後遺障害確定時の年齢に対応する年齢別平均給与

額（別表Ⅳ）の年相当額のいずれか高い額を収入額とする。ただし、次の者については、それぞれに掲げる額を収入額とする。
① 35歳未満であって事故前1年間の収入額を立証することが可能な者
事故前1年間の収入額、全年齢平均給与額の年相当額及び年齢別平均給与額の年相当額のいずれか高い額。
② 事故前1年間の収入額を立証することが困難な者
ア 35歳未満の者
全年齢平均給与額の年相当額又は年齢別平均給与額の年相当額のいずれか高い額。
イ 35歳以上の者
年齢別平均給与額の年相当額。
③ 退職後1年を経過していない失業者（定年退職者等を除く。）
以上の基準を準用する。この場合において、「事故前1年間の収入額」とあるのは、「退職前1年間の収入額」と読み替えるものとする。
(2) 幼児・児童・生徒・学生・家事従事者
全年齢平均給与額の年相当額とする。ただし、58歳以上の者で年齢別平均給与額が全年齢平均給与額を下回る場合は、年齢別平均給与額の年相当額とする。
(3) その他働く意思と能力を有する者
年齢別平均給与額の年相当額とする。ただし、全年齢平均給与額の年相当額を上限とする。

2 慰謝料等

(1) 後遺障害に対する慰謝料等の額は、該当等級ごとに次に掲げる表の金額とする。

① 自動車損害賠償保障法施行令別表第1の場合

第1級	第2級
1,600万円	1,163万円

② 自動車損害賠償保障法施行令別表第2の場合

第1級	第2級	第3級	第4級	第5級
1,100万円	958万円	829万円	712万円	599万円
第6級	第7級	第8級	第9級	第10級
498万円	409万円	324万円	245万円	187万円
第11級	第12級	第13級	第14級	
135万円	93万円	57万円	32万円	

資料1

(2)① 自動車損害賠償保障法施行令別表第1の該当者であって被扶養者がいるときは、第1級については1,800万円とし、第2級については1,333万円とする。
　② 自動車損害賠償保障法施行令別表第2第1級、第2級又は第3級の該当者であって被扶養者がいるときは、第1級については1,300万円とし、第2級については1,128万円とし、第3級については973万円とする。
(3) 自動車損害賠償保障法施行令別表第1に該当する場合は、初期費用等として、第1級には500万円を、第2級には205万円を加算する。

第4　死亡による損害
　死亡による損害は、葬儀費、逸失利益、死亡本人の慰謝料及び遺族の慰謝料とする。後遺障害による損害に対する保険金等の支払の後、被害者が死亡した場合の死亡による損害について、事故と死亡との間に因果関係が認められるときには、その差額を認める。
1　葬儀費
(1)　葬儀費は、60万円とする。
(2)　立証資料等により60万円を超えることが明らかな場合は、100万円の範囲内で必要かつ妥当な実費とする。
2　逸失利益
(1)　逸失利益は、次のそれぞれに掲げる年間収入額又は年相当額から本人の生活費を控除した額に死亡時の年齢における就労可能年数のライプニッツ係数（別表Ⅱ−1）を乗じて算出する。ただし、生涯を通じて全年齢平均給与額（別表Ⅲ）の年相当額を得られる蓋然性が認められない場合は、この限りでない。
　① 有職者
　　事故前1年間の収入額と死亡時の年齢に対応する年齢別平均給与額（別表Ⅳ）の年相当額のいずれか高い額を収入額とする。ただし、次に掲げる者については、それぞれに掲げる額を収入額とする。
　　ア　35歳未満であって事故前1年間の収入額を立証することが可能な者
　　　事故前1年間の収入額、全年齢平均給与額の年相当額及び年齢別平均給与額の年相当額のいずれか高い額。
　　イ　事故前1年間の収入額を立証することが困難な者
　　　(ア)　35歳未満の者
　　　　全年齢平均給与額の年相当額又は年齢別平均給与額の年相当額のい

233

　　　　ずれか高い額。
　　　（イ）35歳以上の者
　　　　　　年齢別平均給与額の年相当額。
　　ウ　退職後1年を経過していない失業者（定年退職者等を除く。）
　　　　以上の基準を準用する。この場合において、「事故前1年間の収入額」とあるのは、「退職前1年間の収入額」と読み替えるものとする。
②　幼児・児童・生徒・学生・家事従事者
　　全年齢平均給与額の年相当額とする。ただし、58歳以上の者で年齢別平均給与額が全年齢平均給与額を下回る場合は、年齢別平均給与額の年相当額とする。
③　その他働く意思と能力を有する者
　　年齢別平均給与額の年相当額とする。ただし、全年齢平均給与額の年相当額を上限とする。
(2)　(1)にかかわらず、年金等の受給者の逸失利益は、次のそれぞれに掲げる年間収入額又は年相当額から本人の生活費を控除した額に死亡時の年齢における就労可能年数のライプニッツ係数（別表Ⅱ－1）を乗じて得られた額と、年金等から本人の生活費を控除した額に死亡時の年齢における平均余命年数のライプニッツ係数（別表Ⅱ－2）から死亡時の年齢における就労可能年数のライプニッツ係数を差し引いた係数を乗じて得られた額とを合算して得られた額とする。ただし、生涯を通じて全年齢平均給与額（別表Ⅲ）の年相当額を得られる蓋然性が認められない場合は、この限りでない。
　　年金等の受給者とは、各種年金及び恩給制度のうち原則として受給権者本人による拠出性のある年金等を現に受給していた者とし、無拠出性の福祉年金や遺族年金は含まない。
①　有職者
　　事故前1年間の収入額と年金等の額を合算した額と、死亡時の年齢に対応する年齢別平均給与額（別表Ⅳ）の年相当額のいずれか高い額とする。ただし、35歳未満の者については、これらの比較のほか、全年齢平均給与額の年相当額とも比較して、いずれか高い額とする。
②　幼児・児童・生徒・学生・家事従事者
　　年金等の額と全年齢平均給与額の年相当額のいずれか高い額とする。ただし、58歳以上の者で年齢別平均給与額が全年齢平均給与額を下回る場合は、年齢別平均給与額の年相当額と年金等の額のいずれか高い額とする。
③　その他働く意思と能力を有する者

資料1

　　年金等の額と年齢別平均給与額の年相当額のいずれか高い額とする。ただし、年齢別平均給与額が全年齢平均給与額を上回る場合は、全年齢平均給与額の年相当額と年金等の額のいずれか高い額とする。
　(3)　生活費の立証が困難な場合、被扶養者がいるときは年間収入額又は年相当額から35％を、被扶養者がいないときは年間収入額又は年相当額から50％を生活費として控除する。
3　死亡本人の慰謝料
　　死亡本人の慰謝料は、350万円とする。
4　遺族の慰謝料
　　慰謝料の請求権者は、被害者の父母（養父母を含む。）、配偶者及び子（養子、認知した子及び胎児を含む。）とし、その額は、請求権者1人の場合には550万円とし、2人の場合には650万円とし、3人以上の場合には750万円とする。
　　なお、被害者に被扶養者がいるときは、上記金額に200万円を加算する。

第5　死亡に至るまでの傷害による損害
　死亡に至るまでの傷害による損害は、積極損害〔治療関係費（死体検案書料及び死亡後の処置料等の実費を含む。）、文書料その他の費用〕、休業損害及び慰謝料とし、「第2傷害による損害」の基準を準用する。ただし、事故当日又は事故翌日死亡の場合は、積極損害のみとする。

第6　減額
1　重大な過失による減額
　　被害者に重大な過失がある場合は、次に掲げる表のとおり、積算した損害額が保険金額に満たない場合には積算した損害額から、保険金額以上となる場合には保険金額から減額を行う。ただし、傷害による損害額（後遺障害及び死亡に至る場合を除く。）が20万円未満の場合はその額とし、減額により20万円以下となる場合は20万円とする。

235

減額適用上の 被害者の過失割合	減　額　割　合	
	後遺障害又は死亡に係るもの	傷害に係るもの
7割未満	減額なし	減額なし
7割以上8割未満	2割減額	2割減額
8割以上9割未満	3割減額	
9割以上10割未満	5割減額	

2　受傷と死亡又は後遺障害との間の因果関係の有無の判断が困難な場合の減額

　被害者が既往症等を有していたため、死因又は後遺障害発生原因が明らかでない場合等受傷と死亡との間及び受傷と後遺障害との間の因果関係の有無の判断が困難な場合は、死亡による損害及び後遺障害による損害について、積算した損害額が保険金額に満たない場合には積算した損害額から、保険金額以上となる場合には保険金額から5割の減額を行う。

　　附　則

この告示は、平成14年4月1日から施行し、同日以後に発生する自動車の運行による事故に係る自動車損害賠償責任保険の保険金等及び自動車損害賠償責任共済の共済金等の支払から適用する。

　　附　則　（平成22年金融庁・国土交通省告示第1号）

この告示は、平成22年4月1日から施行し、同日以後に発生する自動車の運行による事故に係る自動車損害賠償責任保険の保険金等及び自動車損害賠償責任共済の共済金等の支払から適用する。

資料 1

別表 I

労 働 能 力 喪 失 率 表

自動車損害賠償保障法施行令別表第 1 の場合

障害等級	労働能力喪失率
第 1 級	100／100
第 2 級	100／100

自動車損害賠償保障法施行令別表第 2 の場合

障害等級	労働能力喪失率
第 1 級	100／100
第 2 級	100／100
第 3 級	100／100
第 4 級	92／100
第 5 級	79／100
第 6 級	67／100
第 7 級	56／100
第 8 級	45／100
第 9 級	35／100
第10級	27／100
第11級	20／100
第12級	14／100
第13級	9／100
第14級	5／100

別表Ⅱ-1　就労可能年数とライプニッツ係数表
(1) 18歳未満の者に適用する表

\multicolumn{6}{c}{幼児・児童・生徒・学生・右欄以外の働く意思と能力を有する者}	\multicolumn{8}{c}{有　職　者}
年令	就労可能年数	係　数	年令	就労可能年数	係　数	年令	就労可能年数	係　数	年令	就労可能年数	係　数
歳	年		歳	年		歳	年		歳	年	
0	49	7.549	9	49	11.712	0	67	19.239	9	58	18.820
1	49	7.927	10	49	12.297	1	66	19.201	10	57	18.761
2	49	8.323	11	49	12.912	2	65	19.161	11	56	18.699
3	49	8.739	12	49	13.558	3	64	19.119	12	55	18.633
4	49	9.176	13	49	14.236	4	63	19.075	13	54	18.565
5	49	9.635	14	49	14.947	5	62	19.029	14	53	18.493
6	49	10.117	15	49	15.695	6	61	18.980	15	52	18.418
7	49	10.623	16	49	16.480	7	60	18.929	16	51	18.339
8	49	11.154	17	49	17.304	8	59	18.876	17	50	18.256

(2) 18歳以上の者に適用する表

年令	就労可能年数	係　数	年令	就労可能年数	係　数	年令	就労可能年数	係　数	年令	就労可能年数	係　数
歳	年		歳	年		歳	年		歳	年	
18	49	18.169	39	28	14.898	60	12	8.863	81	4	3.546
19	48	18.077	40	27	14.643	61	11	8.306	82	4	3.546
20	47	17.981	41	26	14.375	62	11	8.306	83	4	3.546
21	46	17.880	42	25	14.094	63	10	7.722	84	4	3.546
22	45	17.774	43	24	13.799	64	10	7.722	85	3	2.723
23	44	17.663	44	23	13.489	65	10	7.722	86	3	2.723
24	43	17.546	45	22	13.163	66	9	7.108	87	3	2.723
25	42	17.423	46	21	12.821	67	9	7.108	88	3	2.723
26	41	17.294	47	20	12.462	68	8	6.463	89	3	2.723
27	40	17.159	48	19	12.085	69	8	6.463	90	3	2.723
28	39	17.017	49	18	11.690	70	8	6.463	91	2	1.859
29	38	16.868	50	17	11.274	71	7	5.786	92	2	1.859
30	37	16.711	51	16	10.838	72	7	5.786	93	2	1.859
31	36	16.547	52	15	10.380	73	7	5.786	94	2	1.859
32	35	16.374	53	14	9.899	74	6	5.076	95	2	1.859
33	34	16.193	54	14	9.899	75	6	5.076	96	2	1.859
34	33	16.003	55	14	9.899	76	6	5.076	97	2	1.859
35	32	15.803	56	13	9.394	77	5	4.329	98	2	1.859
36	31	15.593	57	13	9.394	78	5	4.329	99	2	1.859
37	30	15.372	58	12	8.863	79	5	4.329	100	2	1.859
38	29	15.141	59	12	8.863	80	5	4.329	101～	1	0.952

(注) 1．18歳未満の有職者及び18歳以上の者の場合の就労可能年数については、
　　(1) 54歳未満の者は、67歳から被害者の年齢を控除した年数とした。
　　(2) 54歳以上の者は、平均余命年数の1/2とし、端数は切上げた。
　　2．幼児・児童・生徒・18歳未満の学生及び働く意思と能力を有する者（有職者・家事従事者・18歳以上の学生以外）の場合の就労可能年数及びライプニッツ係数は、下記（例）に準じて算出する。
　　　（例）　3歳の場合
　　　　(1) 就労の終期（67歳）までの年数64年（67年—3年）に対応する係数　　19.119
　　　　(2) 就労の始期（18歳）までの年数15年（18年—3年）に対応する係数　　10.380
　　　　(3) 就労可能年数　　49年（64年—15年）
　　　　(4) 適用する係数　　8.739（19.119−10.380）

資料1

別表Ⅱ-2　平均余命年数とライプニッツ係数表

年令	男 平均余命年数	係数	女 平均余命年数	係数	年令	男 平均余命年数	係数	女 平均余命年数	係数
歳	年		年		歳	年		年	
0	78	19.555	85	19.684	54	27	14.643	33	16.003
1	77	19.533	84	19.668	55	26	14.375	32	15.803
2	76	19.509	83	19.651	56	25	14.094	31	15.593
3	75	19.485	82	19.634	57	24	13.799	30	15.372
4	74	19.459	81	19.616	58	23	13.489	29	15.141
5	73	19.432	80	19.596	59	22	13.163	28	14.898
6	72	19.404	79	19.576	60	22	13.163	27	14.643
7	71	19.374	78	19.555	61	21	12.821	26	14.375
8	70	19.343	77	19.533	62	20	12.462	25	14.094
9	69	19.310	76	19.509	63	19	12.085	24	13.799
10	68	19.275	75	19.485	64	18	11.690	24	13.799
11	67	19.239	74	19.459	65	18	11.690	23	13.489
12	66	19.201	73	19.432	66	17	11.274	22	13.163
13	65	19.161	72	19.404	67	16	10.838	21	12.821
14	64	19.119	71	19.374	68	15	10.380	20	12.462
15	63	19.075	70	19.343	69	15	10.380	19	12.085
16	62	19.029	69	19.310	70	14	9.899	18	11.690
17	62	19.029	68	19.275	71	13	9.394	18	11.690
18	61	18.980	67	19.239	72	13	9.394	17	11.274
19	60	18.929	66	19.201	73	12	8.863	16	10.838
20	59	18.876	65	19.161	74	11	8.306	15	10.38
21	58	18.820	64	19.119	75	11	8.306	14	9.899
22	57	18.761	63	19.075	76	10	7.722	14	9.899
23	56	18.699	62	19.029	77	9	7.108	13	9.394
24	55	18.633	62	19.029	78	9	7.108	12	8.863
25	54	18.565	61	18.980	79	8	6.463	11	8.306
26	53	18.493	60	18.929	80	8	6.463	11	8.306
歳	年		年		歳	年		年	
27	52	18.418	59	18.876	81	7	5.786	10	7.722
28	51	18.339	58	18.820	82	7	5.786	9	7.108
29	50	18.256	57	18.761	83	6	5.076	9	7.108
30	49	18.169	56	18.699	84	6	5.076	8	6.463
31	48	18.077	55	18.633	85	5	4.329	7	5.786
32	47	17.981	54	18.565	86	5	4.329	7	5.786
33	46	17.880	53	18.493	87	5	4.329	6	5.076
34	45	17.774	52	18.418	88	4	3.546	6	5.076
35	44	17.663	51	18.339	89	4	3.546	5	4.329
36	43	17.546	50	18.256	90	4	3.546	5	4.329
37	42	17.423	49	18.169	91	3	2.723	5	4.329
38	41	17.294	48	18.077	92	3	2.723	4	3.546
39	40	17.159	47	17.981	93	3	2.723	4	3.546
40	39	17.017	46	17.880	94	3	2.723	4	3.546
41	38	16.868	45	17.774	95	2	1.859	3	2.723
42	37	16.711	44	17.663	96	2	1.859	3	2.723
43	37	16.711	43	17.546	97	2	1.859	3	2.723
44	36	16.547	42	17.423	98	2	1.859	2	1.859
45	35	16.374	41	17.294	99	2	1.859	2	1.859
46	34	16.193	40	17.159	100	2	1.859	2	1.859
47	33	16.003	39	17.017	101	1	0.952	2	1.859
48	32	15.803	38	16.868	102	1	0.952	2	1.859
49	31	15.593	37	16.711	103	1	0.952	2	1.859
50	30	15.372	36	16.547	104	1	0.952	1	0.952
51	29	15.141	35	16.374					
52	28	14.898	34	16.193					
53	27	14.643	34	16.193					

（注）　平均余命年数は「第20回生命表」による平均余命とした。

別表Ⅲ

全年齢平均給与額（平均月額）

男子	415,400	女子	275,100

別表Ⅳ

年齢別平均給与額（平均月額）

年令	男子	女子	年令	男子	女子
歳	円	円	歳	円	円
18	187,400	169,600	44	482,000	298,800
19	199,800	175,800	45	485,600	296,500
20	219,800	193,800	46	489,300	294,300
21	239,800	211,900	47	492,900	292,000
22	259,800	230,000	48	495,500	291,800
23	272,800	238,700	49	498,100	291,700
24	285,900	247,400	50	500,700	291,600
25	298,900	256,000	51	503,300	291,400
26	312,000	264,700	52	505,800	291,300
27	325,000	273,400	53	500,700	288,500
28	337,300	278,800	54	495,500	285,600
29	349,600	284,100	55	490,300	282,800
30	361,800	289,400	56	485,200	280,000
31	374,100	294,700	57	480,000	277,200
32	386,400	300,100	58	455,400	269,000
33	398,000	301,900	59	430,900	260,900
34	409,600	303,700	60	406,300	252,700
35	421,300	305,500	61	381,700	244,500
36	432,900	307,300	62	357,200	236,400
37	444,500	309,100	63	350,100	236,400
38	450,500	307,900	64	343,000	236,400
39	456,600	306,800	65	336,000	236,500
40	462,600	305,600	66	328,900	236,500
41	468,600	304,500	67	321,800	236,500
42	474,700	303,300	68～	314,800	236,600
43	478,300	301,000			

（注）　本表は、平成12年賃金センサス第1巻第1表産業計（民・公営計）によりもとめた企業規模10～999人・学歴計の年齢階層別平均給与額（含臨時給与）をその後の賃金動向を反映して0.999倍したものである。

資料2

自動車損害賠償保障法施行令　別表第1・第2

（昭和30年10月18日政令第286号）

最終改正　平成23年5月2日　政令第116号

別表第1（第2条関係）

等級	介護を要する後遺障害	保険金額
第1級	1　神経系統の機能又は精神に著しい障害を残し、常に介護を要するもの 2　胸腹部臓器の機能に著しい障害を残し、常に介護を要するもの	4,000万円
第2級	1　神経系統の機能又は精神に著しい障害を残し、随時介護を要するもの 2　胸腹部臓器の機能に著しい障害を残し、随時介護を要するもの	3,000万円

備考　各等級の後遺障害に該当しない後遺障害であって、各等級の後遺障害に相当するものは、当該等級の後遺障害とする。

別表第2（第2条関係）

等級	後遺障害	保険金額
第1級	1　両眼が失明したもの 2　咀嚼及び言語の機能を廃したもの 3　両上肢をひじ関節以上で失ったもの 4　両上肢の用を全廃したもの 5　両下肢をひざ関節以上で失ったもの 6　両下肢の用を全廃したもの	3,000万円
第2級	1　1眼が失明し、他眼の視力が0.02以下になったもの 2　両眼の視力が0.02以下になったもの	2,590万円

	3　両上肢を手関節以上で失ったもの 4　両下肢を足関節以上で失ったもの	
第3級	1　1眼が失明し、他眼の視力が0.06以下になったもの 2　咀嚼又は言語の機能を廃したもの 3　神経系統の機能又は精神に著しい障害を残し、終身労務に服することができないもの 4　胸腹部臓器の機能に著しい障害を残し、終身労務に服することができないもの 5　両手の手指の全部を失ったもの	2,219万円
第4級	1　両眼の視力が0.06以下になったもの 2　咀嚼及び言語の機能に著しい障害を残すもの 3　両耳の聴力を全く失ったもの 4　1上肢をひじ関節以上で失ったもの 5　1下肢をひざ関節以上で失ったもの 6　両手の手指の全部の用を廃したもの 7　両足をリスフラン関節以上で失ったもの	1,889万円
第5級	1　1眼が失明し、他眼の視力が0.1以下になったもの 2　神経系統の機能又は精神に著しい障害を残し、特に軽易な労務以外の労務に服することができないもの 3　胸腹部臓器の機能に著しい障害を残し、特に軽易な労務以外の労務に服することができないもの 4　1上肢を手関節以上で失ったもの 5　1下肢を足関節以上で失ったもの 6　1上肢の用を全廃したもの 7　1下肢の用を全廃したもの 8　両足の足指の全部を失ったもの	1,574万円
第6級	1　両眼の視力が0.1以下になったもの 2　咀嚼又は言語の機能に著しい障害を残すもの 3　両耳の聴力が耳に接しなければ大声を解することができない程度になったもの 4　1耳の聴力を全く失い、他耳の聴力が40センチメートル以上の距離では普通の話声を解することができない程度になったもの 5　脊柱に著しい変形又は運動障害を残すもの 6　1上肢の3大関節中の2関節の用を廃したもの 7　1下肢の3大関節中の2関節の用を廃したもの 8　1手の5の手指又はおや指を含み4の手指を失った	1,296万円

資料2

	もの	
第7級	1　1眼が失明し、他眼の視力が0.6以下になったもの 2　両耳の聴力が40センチメートル以上の距離では普通の話声を解することができない程度になったもの 3　1耳の聴力を全く失い、他耳の聴力が1メートル以上の距離では普通の話声を解することができない程度になったもの 4　神経系統の機能又は精神に障害を残し、軽易な労務以外の労務に服することができないもの 5　胸腹部臓器の機能に障害を残し、軽易な労務以外の労務に服することができないもの 6　1手のおや指を含み3の手指を失ったもの又はおや指以外の4の手指を失ったもの 7　1手の5の手指又はおや指を含み4の手指の用を廃したもの 8　1足をリスフラン関節以上で失ったもの 9　1上肢に偽関節を残し、著しい運動障害を残すもの 10　1下肢に偽関節を残し、著しい運動障害を残すもの 11　両足の足指の全部の用を廃したもの 12　外貌に著しい醜状を残すもの 13　両側の睾丸を失ったもの	1,051万円
第8級	1　1眼が失明し、又は1眼の視力が0.02以下になったもの 2　脊柱に運動障害を残すもの 3　1手のおや指を含み2の手指を失ったもの又はおや指以外の3の手指を失ったもの 4　1手のおや指を含み3の手指の用を廃したもの又はおや指以外の4の手指の用を廃したもの 5　1下肢を5センチメートル以上短縮したもの 6　1上肢の3大関節中の1関節の用を廃したもの 7　1下肢の3大関節中の1関節の用を廃したもの 8　1上肢に偽関節を残すもの 9　1下肢に偽関節を残すもの 10　1足の足指の全部を失ったもの	819万円
	1　両眼の視力が0.6以下になったもの 2　1眼の視力が0.06以下になったもの 3　両眼に半盲症、視野狭窄又は視野変状を残すもの	

等級	項目	金額
第9級	4　両眼のまぶたに著しい欠損を残すもの 5　鼻を欠損し、その機能に著しい障害を残すもの 6　咀嚼及び言語の機能に障害を残すもの 7　両耳の聴力が1メートル以上の距離では普通の話声を解することができない程度になったもの 8　1耳の聴力が耳に接しなければ大声を解することができない程度になり、他耳の聴力が1メートル以上の距離では普通の話声を解することが困難である程度になったもの 9　1耳の聴力を全く失ったもの 10　神経系統の機能又は精神に障害を残し、服することができる労務が相当な程度に制限されるもの 11　胸腹部臓器の機能に障害を残し、服することができる労務が相当な程度に制限されるもの 12　1手のおや指又はおや指以外の2の手指を失ったもの 13　1手のおや指を含み2の手指の用を廃したもの又はおや指以外の3の手指の用を廃したもの 14　1足の第1の足指を含み2以上の足指を失ったもの 15　1足の足指の全部の用を廃したもの 16　外貌に相当程度の醜状を残すもの 17　生殖器に著しい障害を残すもの	616万円
第10級	1　1眼の視力が0.1以下になったもの 2　正面を見た場合に複視の症状を残すもの 3　咀嚼又は言語の機能に障害を残すもの 4　14歯以上に対し歯科補綴を加えたもの 5　両耳の聴力が1メートル以上の距離では普通の話声を解することが困難である程度になったもの 6　1耳の聴力が耳に接しなければ大声を解することができない程度になったもの 7　1手のおや指又はおや指以外の2の手指の用を廃したもの 8　1下肢を3センチメートル以上短縮したもの 9　1足の第1の足指又は他の4の足指を失ったもの 10　1上肢の3大関節中の1関節の機能に著しい障害を残すもの 11　1下肢の3大関節中の1関節の機能に著しい障害を残すもの	461万円

資料2

第11級	1　両眼の眼球に著しい調節機能障害又は運動障害を残すもの 2　両眼のまぶたに著しい運動障害を残すもの 3　1眼のまぶたに著しい欠損を残すもの 4　10歯以上に対し歯科補綴を加えたもの 5　両耳の聴力が1メートル以上の距離では小声を解することができない程度になったもの 6　1耳の聴力が40センチメートル以上の距離では普通の話声を解することができない程度になったもの 7　脊柱に変形を残すもの 8　1手のひとさし指、なか指又はくすり指を失ったもの 9　1足の第1の足指を含み2以上の足指の用を廃したもの 10　胸腹部臓器の機能に障害を残し、労務の遂行に相当な程度の支障があるもの	331万円
第12級	1　1眼の眼球に著しい調節機能障害又は運動障害を残すもの 2　1眼のまぶたに著しい運動障害を残すもの 3　7歯以上に対し歯科補綴を加えたもの 4　1耳の耳殻の大部分を欠損したもの 5　鎖骨、胸骨、ろく骨、けんこう骨又は骨盤骨に著しい変形を残すもの 6　1上肢の3大関節中の1関節の機能に障害を残すもの 7　1下肢の3大関節中の1関節の機能に障害を残すもの 8　長管骨に変形を残すもの 9　1手のこ指を失ったもの 10　1手のひとさし指、なか指又はくすり指の用を廃したもの 11　1足の第2の足指を失ったもの、第2の足指を含み2の足指を失ったもの又は第3の足指以下の3の足指を失ったもの 12　1足の第1の足指又は他の4の足指の用を廃したもの 13　局部に頑固な神経症状を残すもの	224万円

	14　外貌に醜状を残すもの	
第13級	1　1眼の視力が0.6以下になったもの 2　正面以外を見た場合に複視の症状を残すもの 3　1眼に半盲症、視野狭窄又は視野変状を残すもの 4　両眼のまぶたの一部に欠損を残し又はまつげはげを残すもの 5　5歯以上に対し歯科補綴を加えたもの 6　1手のこ指の用を廃したもの 7　1手のおや指の指骨の一部を失ったもの 8　1下肢を1センチメートル以上短縮したもの 9　1足の第3の足指以下の1又は2の足指を失ったもの 10　1足の第2の足指の用を廃したもの、第2の足指を含み2の足指の用を廃したもの又は第3の足指以下の3の足指の用を廃したもの 11　胸腹部臓器の機能に障害を残すもの	139万円
第14級	1　1眼のまぶたの一部に欠損を残し又はまつげはげを残すもの 2　3歯以上に対し歯科補綴を加えたもの 3　1耳の聴力が1メートル以上の距離では小声を解することができない程度になったもの 4　上肢の露出面にてのひらの大きさの醜いあとを残すもの 5　下肢の露出面にてのひらの大きさの醜いあとを残すもの 6　1手のおや指以外の手指の指骨の一部を失ったもの 7　1手のおや指以外の手指の遠位指節間関節を屈伸することができなくなったもの 8　1足の第3の足指以下の1又は2の足指の用を廃したもの 9　局部に神経症状を残すもの	75万円

備考
1　視力の測定は、万国式試視力表による。屈折異状のあるものについては、矯正視力について測定する。
2　手指を失ったものとは、おや指は指節間関節、その他の手指は近位指節間関節以上を失ったものをいう。
3　手指の用を廃したものとは、手指の末節骨の半分以上を失い、又は中手指節関節若しくは近位指節間関節（おや指にあっては、指節間関節）に著しい運動障害を残すものをいう。
4　足指を失ったものとは、その全部を失ったものをいう。
5　足指の用を廃したものとは、第1の足指は末節骨の半分以上、その他の足指は遠位指節間関節以上を失ったもの又は中足指節関節若しくは近位指節間関節（第1の足指にあっては、指節間関節）に著しい運動障害を残すものをいう。
6　各等級の後遺障害に該当しない後遺障害であって、各等級の後遺障害に相当するものは、当該等級の後遺障害とする。

資料3

資料3－1　新ホフマン係数およびライプニッツ係数表
（年金現価表）

労働能力喪失期間	新ホフマン係数	ライプニッツ係数	労働能力喪失期間	新ホフマン係数	ライプニッツ係数
1	0.9523	0.9523	35	19.9174	16.3741
2	1.8614	1.8594	36	20.2745	16.5468
3	2.7310	2.7232	37	20.6254	16.7112
4	3.5643	3.5459	38	20.9702	16.8678
5	4.3643	4.3294	39	21.3092	17.0170
6	5.1336	5.0756	40	21.6426	17.1590
7	5.8743	5.7863	41	21.9704	17.2943
8	6.5886	6.4632	42	22.2930	17.4232
9	7.2782	7.1078	43	22.6105	17.5459
10	7.9449	7.7217	44	22.9230	17.6627
11	8.5901	8.3064	45	23.2307	17.7740
12	9.2151	8.8632	46	23.5337	17.8800
13	9.8211	9.3935	47	23.8322	17.9810
14	10.4094	9.8986	48	24.1263	18.0771
15	10.9808	10.3796	49	24.4162	18.1687
16	11.5363	10.8377	50	24.7019	18.2559
17	12.0769	11.2740	51	24.9836	18.3389
18	12.6032	11.6895	52	25.2614	18.4180
19	13.1160	12.0853	53	25.5353	18.4934
20	13.6160	12.4622	54	25.8056	18.5651
21	14.1038	12.8211	55	26.0723	18.6334
22	14.5800	13.1630	56	26.3354	18.6985
23	15.0451	13.4885	57	26.5952	18.7605
24	15.4997	13.7986	58	26.8516	18.8195
25	15.9441	14.0939	59	27.1047	18.8757
26	16.3789	14.3751	60	27.3547	18.9292
27	16.8044	14.6430	61	27.6017	18.9802
28	17.2211	14.8981	62	27.8456	19.0288
29	17.6293	15.1410	63	28.0865	19.0750
30	18.0293	15.3724	64	28.3246	19.1191
31	18.4214	15.5928	65	28.5599	19.1610
32	18.8060	15.8026	66	28.7925	19.2010
33	19.1834	16.0025	67	29.0224	19.2390
34	19.5538	16.1929			

資料3

資料3－2　新ホフマン係数およびライプニッツ係数表
（現価表）

労働能力喪失期間	新ホフマン係数	ライプニッツ係数	労働能力喪失期間	新ホフマン係数	ライプニッツ係数
1	0.9523 8095	0.9523 8095	31	0.3921 5886	0.2203 5947
2	0.9090 9091	0.9070 2948	32	0.3846 1538	0.2098 6617
3	0.8695 6522	0.8638 3760	33	0.3773 5849	0.1998 7254
4	0.8333 3333	0.8227 0247	34	0.3703 7037	0.1903 5480
5	0.8000 0000	0.7835 2617	35	0.3636 3636	0.1812 9029
6	0.7692 3077	0.7462 1540	36	0.3571 4286	0.1726 5741
7	0.7407 4074	0.7106 8133	37	0.3508 7719	0.1644 3563
8	0.7142 8571	0.6768 3936	38	0.3448 2759	0.1566 0536
9	0.6896 5517	0.6446 0892	39	0.3389 8305	0.1491 4797
10	0.6666 6667	0.6139 1325	40	0.3333 3333	0.1420 4568
11	0.6451 6129	0.5846 7929	41	0.3278 6885	0.1352 8160
12	0.6250 0000	0.5568 3742	42	0.3225 8065	0.1288 3962
13	0.6060 6061	0.5303 2135	43	0.3174 6032	0.1227 0440
14	0.5882 3529	0.5050 6795	44	0.3125 0000	0.1168 6133
15	0.5714 2857	0.4810 1710	45	0.3076 9231	0.1112 9651
16	0.5555 5556	0.4581 1152	46	0.3030 3030	0.1059 9668
17	0.5405 4054	0.4362 9669	47	0.2985 0746	0.1009 4921
18	0.5263 1579	0.4155 2065	48	0.2941 1765	0.0961 4211
19	0.5128 2051	0.3957 3396	49	0.2898 5507	0.0915 6391
20	0.5000 0000	0.3768 8948	50	0.2857 1429	0.0872 0373
21	0.4878 0488	0.3589 4236	51	0.2816 9014	0.0830 5117
22	0.4761 9048	0.3418 4987	52	0.2777 7778	0.0790 9635
23	0.4651 1628	0.3255 7131	53	0.2739 7260	0.0753 2986
24	0.4545 4545	0.3100 6791	54	0.2702 7027	0.0717 4272
25	0.4444 4444	0.2953 0277	55	0.2666 6667	0.0683 2640
26	0.4347 8261	0.2812 4073	56	0.2631 5789	0.0650 7276
27	0.4255 3191	0.2678 4832	57	0.2597 4026	0.0619 7406
28	0.4166 6667	0.2550 9364	58	0.2564 1026	0.0590 2291
29	0.4081 6327	0.2429 4632	59	0.2531 6456	0.0562 1230
30	0.4000 0000	0.2313 7745	60	0.2500 0000	0.0535 3552

資料4

資料4－1　平成23年簡易生命表（男）

年　齢	平均余命	年　齢	平均余命	年　齢	平均余命
0（週）	79.44	30	50.28	68	16.41
1	79.48	31	49.32	69	15.66
2	79.47	32	48.35		
3	79.46	33	47.39	70	14.93
4	79.45	34	46.43	71	14.20
2（月）	79.38			72	13.49
3	79.31	35	45.47	73	12.78
6	79.09	36	44.51	74	12.10
		37	43.55		
0（年）	79.44	38	42.59	75	11.43
1	78.62	39	41.64	76	10.78
2	77.66			77	10.14
3	76.68	40	40.69	78	9.53
4	75.70	41	39.74	79	8.95
		42	38.79		
5	74.71	43	37.85	80	8.39
6	73.73	44	36.92	81	7.86
7	72.74			82	7.35
8	71.75	45	35.98	83	6.86
9	70.76	46	35.05	84	6.39
		47	34.13		
10	69.77	48	33.21	85	5.96
11	68.77	49	32.29	86	5.55
12	67.78			87	5.16
13	66.79	50	31.39	88	4.79
14	65.80	51	30.49	89	4.45
		52	29.59		
15	64.81	53	28.71	90	4.14
16	63.83	54	27.83	91	3.84
17	62.85			92	3.56
18	61.87	55	26.95	93	3.31
19	60.90	56	26.08	94	3.06
		57	25.22		
20	59.93	58	24.37	95	2.84
21	58.96	59	23.53	96	2.63
22	57.99			97	2.44
23	57.03	60	22.70	98	2.26
24	56.07	61	21.88	99	2.09
		62	21.07		
25	55.10	63	20.27	100	1.93
26	54.14	64	19.48	101	1.79
27	53.18			102	1.65
28	52.21	65	18.69	103	1.53
29	51.25	66	17.92	104	1.41
		67	17.16	105〜	1.30

資料4

資料4－2　平成23年簡易生命表（女）

年　齢	平均余命	年　齢	平均余命	年　齢	平均余命
0（週）	85.90	30	56.56	68	21.03
1	85.95	31	55.59	69	20.16
2	85.94	32	54.61		
3	85.93	33	53.63	70	19.31
4	85.92	34	52.66	71	18.46
2（月）	85.85			72	17.62
3	85.78	35	51.69	73	16.79
6	85.56	36	50.71	74	15.97
		37	49.74		
0（年）	85.90	38	48.78	75	15.16
1	85.10	39	47.81	76	14.37
2	84.13			77	13.59
3	83.16	40	46.84	78	12.83
4	82.18	41	45.88	79	12.08
		42	44.92		
5	81.19	43	43.96	80	11.36
6	80.20	44	43.00	81	10.66
7	79.21			82	9.98
8	78.22	45	42.05	83	9.32
9	77.23	46	41.10	84	8.68
		47	40.15		
10	76.24	48	39.21	85	8.07
11	75.25	49	38.26	86	7.49
12	74.26			87	6.93
13	73.27	50	37.32	88	6.41
14	72.27	51	36.39	89	5.92
		52	35.46		
15	71.28	53	34.53	90	5.46
16	70.29	54	33.60	91	5.03
17	69.30			92	4.64
18	68.32	55	32.68	93	4.27
19	67.33	56	31.76	94	3.92
		57	30.84		
20	66.35	58	29.93	95	3.60
21	65.37	59	29.02	96	3.31
22	64.39			97	3.03
23	63.41	60	28.12	98	2.78
24	62.43	61	27.22	99	2.54
		62	26.32		
25	61.45	63	25.43	100	2.33
26	60.48	64	24.54	101	2.13
27	59.50			102	1.94
28	58.52	65	23.66	103	1.77
29	57.54	66	22.77	104	1.62
		67	21.90	105～	1.47

（厚生労働省大臣官房統計情報部公表「平成23年簡易生命表」より抜粋）

事項索引

【あ】
青い本 …………………………153
赤い本 …………………………153
悪意 ……………………………180
RSD ……………………………129

【い】
異議申立て …………………51, 188
意見の聴取 ……………………50
異時事故 ………………………12
慰謝料 ………………………8, 152
慰謝料請求権 …………………155
慰謝料の増額事由 ……………157
遺族年金 ………………………150
一元説 …………………………22
一括払い ……………………72, 189
一括払い方式 …………………217
逸失利益 ………………………111
一般の法律事件 ……………207, 209
医療費の代理請求 ……………72
因果関係 ………………………6
印紙代 …………………………220

【う】
ウェクスラー知能検査 ………137
運行 ……………………………25
運行供用者 ……………………6, 22
運行供用者責任 ………………6
運行によって …………………26
運転者 …………………………28

運転代行業者 …………………33
（運転免許の）効力の停止処分　49
運転免許の取消し ……………49

【か】
買替え費用 ……………………86
外形標準説 ……………………18
介護費 …………………………78
会社役員 ………………………93
家屋改造費 ……………………85
加害者請求 ……………………177
学習費 …………………………87
学生 …………………………107, 117
確定申告額 ……………………97
確定遅延損害金 ………………171
家事従事者 …………………103, 116
過失 …………………………5, 42
過失相殺 ………………………159
過失相殺の基準化 ……………161
過少申告 ………………………97
過剰診療 ………………………73
肩代わり損害 …………………94
過労運転等 ……………………47
鑑定費用 ………………………220
観念的競合 ……………………43

【き】
企業損害 ………………………94
危険運転致死傷罪 ……………43
基礎収入 ………………………115

253

基礎収入日額 …………………91
切手代 …………………………220
客観的関連共同説 ………………9
休業損害 …………………………90
休業損害証明書 …………………91
急激かつ偶然な外来の事故 …192
求償権 ……………………………11
求償権の制限 ……………………20
給与所得者 ……………91，115
業 ………………………………210
狭義説 ……………………………53
供述 ……………………………227
行政上の責任 ……………………3
行政書士 ……………206，208
行政不服申立て …………………51
共同運行供用者…………………35
共同危険行為 ……………………47
共同不法行為 ……………………9
寄与割合 ………………………100
近親者の固有の慰謝料請求権 …155

【く】
車の貸借 …………………………31

【け】
経済的同一体説 …………………94
刑事上の責任 ……………………3
結果回避義務 ……………………43
欠格条項 …………………………60
結果的加重犯 ……………………44
結果予見義務 ……………………43
兼業主婦 ………………………104
健康保険 …………………………82

原告 ……………………………226
権利自白 ………………………161

【こ】
故意犯 ……………………………44
後遺障害 ………………………183
後遺障害慰謝料 ………………154
後遺障害診断書 ………………187
高額医療制度の利用 …………172
高額診療 …………………………73
広義説 ……………………………53
公共交通機関 ……………………80
攻撃・防御方法 ………………227
高次脳機能障害 ………………136
厚生年金 ………………………170
控訴 ……………………………228
交通事故紛争処理センター …204
交通費 …………………………220
香典 ……………………………171
行動障害 ………………………136
口頭弁論 ………………………226
公務員 …………………………126
高齢家事従事者 ………………117
国際疼痛学会 …………………129
国保求償分 ………………………83
国民健康保険 ……………………82
国民年金 ………………………170
国家賠償法 ………………………53
固定経費 ………………………101

【さ】
最広義説 …………………………54
最高速度違反 ……………………47

254

財産的損害	7, 111
裁判基準差額説	195
裁判上の和解	126
裁判所基準	153, 211
債務承認	168
差額説	126
酒酔い運転	47
殺人罪	46
三庁共同提言	120

【し】

ＣＲＰＳ	129
ＣＲＰＳ判定指標	130
ＧＣＳ	137
ＪＣＳ	137
事業	18
事業所得者	97, 116
時効中断申請書	181
事故時説	113
事前認定	189
自損事故傷害保険	191
示談あっ旋業務	211
疾患	164
失業者	108
執行猶予	61
実質的な無過失責任	23
失職	60
実費	220
自転車	42
自動車	42, 175
自動車運転過失致死傷罪	41
自動車損害賠償保障法	6
自賠責保険	171, 175
自賠責保険基準	153
自賠責保険の被保険者	37
自賠法３条	22
自賠法16条請求	219
自賠法施行令	182
自白	161
支払基準	126, 178, 184
死亡慰謝料	154
死亡事故	149
司法研修所	207
司法試験	207
社会保険	82
若年者	116
車両	42
車両保険	191
自由裁量	160
自由診療	72, 82
重大な交通の危険を生じさせる速度	45
重複契約	177
修理業者	33
酒気帯び運転	47
主尋問	227
準委任契約	71
準備書面	227
傷害罪	46
傷害致死罪	46
障害年金	150
障害補償給付金	172
消極損害	7, 111

証言	227	診療契約	71
証拠資料	227	【す】	
証拠方法	227	随時介護	78
常時介護	78	随時介護費	78
常時介護費	78	【せ】	
使用者責任	17	生活費控除率	149
症状固定	75	生活保護法による給付金	171
症状固定後の治療費	75	請求権競合	6
症状固定時説	113	請求の原因	226
消滅時効	167	請求の趣旨	226
賞与減額証明書	91	制御困難運転致死傷罪	45
将来介護費	78	税金	171
将来給付額	170	成功報酬	218
職務懈怠	59	正常な運転が困難な状態	45
職務上の義務違反	59	精神的素因	165
女子労働者の平均賃金	104	精神的損害	111
職権	161	整体	73
所得補償保険	171	政府の保障事業	39
事理弁識能力	160	政府保障事業による填補金	171
心因的素因	165	生命保険金	171
人格障害	136	政令で定めるアルコールの程度	48
信号無視運転致死傷罪	45	積極損害	7, 111
進行を制御する技能を有しない	45	接骨院	73
人身事故	41	専業主婦	104
人身傷害条項損害額基準	193	専従者給与	100
人身傷害補償事故	192	全体の奉仕者	58
人身傷害補償保険	171, 191, 192	全体の奉仕者たるにふさわしくない非行	59
身体的素因	163	【そ】	
人的損害	7, 111	素因減額	163
信用失墜行為の禁止	58		

送達 …………………228	付添看護費 ……………76
相当因果関係 ……………5	【て】
相当因果関係説（論）……6	点数制度 …………………50
訴状 ……………………225	【と】
損益相殺 ………………169	謄写料 …………………220
損害賠償額 ……………179	搭乗者傷害保険 ………191
損害保険料率算出機構…126	搭乗者傷害保険の死亡保険金 171
【た】	答弁書 …………………227
第三者行為災害届 ………84	都道府県公安委員会 ……49
第三者行為傷病届 ………83	取消訴訟 …………………51
対人賠償保険 …………191	泥棒運転 …………………29
代替労働力 ……………100	【に】
対物賠償保険 …………191	二元説 ……………………22
タイムチャージ方式 …218	日弁連基準 ……………153
代理監督者 ………………19	日弁連交通事故相談センター
他人 ………………………34	…………………………203
短縮障害 ………………144	日当 ……………………220
単なる身体的特徴 ……164	入院雑費 …………………80
【ち】	入院付添費 ………………77
地方公務員 ………………53	入院費 ……………………72
着手金 …………………216	任意保険 ………………190
注意義務違反 ……………42	認知障害 ………………136
中間利息の控除 ………113	【ね】
懲戒事由 …………………59	年金 ……………………150
懲戒処分 …………………59	年次有給休暇 ……………91
懲戒処分の指針について 62	年少女子 ………………117
重複契約 ………………177	【は】
治療費 ……………………72	判決 ………………126, 228
陳述書 …………………228	判決言渡期日 …………228
【つ】	判決書 …………………228
通院付添費 ………………77	反対尋問 ………………228

判例雑誌 …………………223

【ひ】
被害者側の過失 ……………162
被害者請求 …………………178
被害者請求権の消滅時効 ……181
引受義務 ……………………176
被告 …………………………226
非財産的損害 …………………8
一人暮らしの家事従事者 ……104
備品購入費 ……………………86
びまん性軸索損傷 ……………137

【ふ】
複合性局所疼痛症候群 ………129
不真正連帯債務 ………………10
物的損害 ……………………8,111
不法行為責任 …………………3,4
不法行為の成立要件 …………4
不労所得者 ……………………108
分割払い方式 …………………217
文書 ……………………………228

【へ】
併合罪 …………………………43
併合等級 ………………………183
平成13年金融庁・国土交通省
告示第1号 …………………184
変形障害 ………………………144
弁護士費用 ………………88,216
弁護士費用特約保険 ……88,215
弁論主義 ………………………161
弁論準備手続 …………………227

【ほ】
妨害運転致死傷罪 ……………45
報酬 ……………………………210
報酬金 …………………………218
法律相談料金 …………………206
法令違反 ………………………59
保険会社 ………………………176
保険契約者 ……………………176
補充尋問 ………………………228
保障金請求権 …………………40
保有者 …………………………27

【ま】
マイカー ………………………30
マッサージ等 …………………73
窓口負担分 ……………………83

【み】
未熟運転致死傷罪 ……………45
見舞金 …………………………171
民事裁判 ………………………225
民事上の責任 …………………3

【む】
無過失責任 ……………………19
無職者 …………………………117
無申告 …………………………97
無断運転 ………………………30
無保険車傷害保険 ……171,191
無免許運転 ……………………47
無料法律相談 …………………204

【め】
酩酊運転致死傷罪 ……………45
免責 ……………………………180

免責3要件 …………………23
【り】
利益配当的部分 ………………94
【れ】
レンタカー業者 ………………32
【ろ】
労災事故 ………………………84
労災保険 ………………………170
労災保険障害等級認定基準 …185
労災保険の特別支給金 ………172
労働能力喪失期間 ……………123
労働能力喪失説 ………………126
労働能力喪失率表 ………126, 185
労務対価的部分 ………………94
老齢年金 ………………………150

―――――――[著者略歴]―――――――

宮﨑直己(みやざきなおき)

1951年　岐阜県生まれ
1975年　名古屋大学法学部卒業
1990年　愛知県弁護士会において弁護士登録
現在　　弁護士

[主著]

農業委員の法律知識（新日本法規出版、1999年）
基本行政法テキスト（中央経済社、2001年）
農地法の実務解説［改訂補正二版］（新日本法規出版、2001年）
判例からみた農地法の解説（新日本法規出版、2002年）
交通事故賠償問題の知識と判例（技術書院、2004年）
農地法概説（信山社、2009年）
設例農地法入門［改訂版］（新日本法規出版、2010年）
交通事故損害賠償の実務と判例（大成出版社、2011年）
農地法読本（大成出版社、2011年）

[事務所]

〒460-0002　名古屋市中区丸の内2丁目11番24号　深尾ビル3階
　　　　　　宮﨑直己法律事務所　　　電話 052-211-3639　　FAX 052-211-4739

Q&A　交通事故損害賠償法入門

2013年3月13日　第1版第1刷発行

著　　　宮　﨑　直　己
発行者　松　林　久　行
発行所　株式会社 大成出版社

〒156―0042
東京都世田谷区羽根木1―7―11　TEL 03（3321）4131㈹
http://www.taisei-shuppan.co.jp/

©2013　宮﨑直己　　　　　　　　　　印刷　信教印刷
落丁・乱丁はおとりかえいたします。
ISBN978―4―8028―3096―6